如何培養美感

漢寶德　著

前言——美感的分析

美感的利用需要培養

我常說美感是人類天性的一部分，但需要培養才能廣泛的利用在生活裡，提升精神生活的品質。我在演講的時候常有聽眾問我要怎樣培養自己的美感，我的回答總是「多看美的東西」。這是一句很簡單的回答，但做起來卻不容易。它有兩個難題要先解決：第一、什麼是美的東西，第二、怎麼樣才能常看到它們。這兩者都不是很容易解決的問題。

「什麼是美的東西？」涉及美感判斷，在美學界有很多爭議。我寫「談美」，十之八九都在肯定美感的人類共識，在這裡不再多說了。要使大家都能認識美的東西，只有通過美育。這是一個大問題，與政府的教育政策有關。教育部不做，由文化單位自社會教育著手，是不得已的辦法。希望自生活中提升民眾的美感素養，只有在社教單

位及博物館、演藝廳的展演活動中注重美的呈現。還有就是在民眾講習班中提供美的經典性的資料。

美的經典資料可以解決上提的兩個難題的一部分。如果把它們印成講義，一方面可以作為美感判斷的標準，另方面，如果常常翻閱，可以「養眼」，達到「素養」的目的。這是不夠的，但這是重要的第一步。

以比較法談美

為了回應讀者們美感培養的需要，我決定冒被專家批評之險寫這個系列。我思考了很久，覺得最有效的方法是舉例說明，也就是選擇一些我認為合乎美學原則的作品為例子，並加以分析，讓讀者一方面自眼睛的觀察所得的「感覺」，到理性的分析所得到的理解，合而完成鑑賞的過程。為了強化此一過程的效果，我要強調比較的觀念。「美」是一種共通的價值，但也是有層級的價值。換言之，所謂美與醜的分別是比較得來的，而在美的範疇裡也有美，比較美，更美的說法。好比美女，可以在選美時比高下一樣。我以比較法來談美，卻並不是有意的分美的高下，而是因為在與讀者討論的時候，比較是容易說明概念的辦法。

利用比較法不僅可以說明美的程度，而且可以說明美的要素。美是形式、色彩、質感、裝飾所造成的，一物何以較另一物為美，無非是這四種因素的影響。比較之下，可以說明某物之美，或某物較另物為美，是什麼因素所形成的。甚至也可以說明美的因素之中何者較為重要，何為主要因素，何為次要因素。

當然，我所表達的這些都是我個人的觀念的產物。我堅信美感是人類的共識，但並不堅持美的判斷方式是不移的真理，所以我希望更多支持美育的朋友出來談美，分析美，使用他們自己的方式。只要接受美的共通感的觀念，對美做成大體一致的判斷就可以了，不一定同意我的判斷方法。當然了，如果有人同意我的比較判斷法，我會很高興，而且完全贊同他使用我的方法，引用我的資料，作為美感推廣的工具。

換言之，我寫此書，就是想填補沒有美感推廣教材的遺憾，有意作為美育的教本。我有意拋磚引玉，也希望同志們多寫些這類的教材供大家採用。

目次

【輯二】

輯一

愛美的初階

我努力推廣美育，是希望利用教育的手段縮短這個轉變的過程，使這一代的人，至少是下一代，就能有掌握美感的能力。因爲廿一世紀是美感的世紀，在全球化的大趨勢下，美感是一種競爭力……

我寫了幾年「談美」的專欄，先後出了兩本書，引起不少朋友們的興趣。可是大家不約而同的問我為什麼不寫一本教讀者如何培養美感的書？坦白說，我聲嘶力竭的提倡美育，不惜冒犯一些學院派的藝術教育的學者，可是從來沒有想親自教授美感培育的課程。因為美感是自美術與設計課程中慢慢培養出來的。速成式的教學我自己也沒有想過。朋友們問多了，不免使我動心，我是不是應該為成年人的進修設計一套美學教材呢？考慮了很久決定一試。

成爲愛美之人，學習的動力來自意志

首先我希望有志於進入美感世界的朋友們調整一下心態。要知道美感原是要經過培育的，也就是經過教育的手段接受過來，與其他的知識並沒有兩樣。今天沒有這樣的條件，而是以自修的方式養成美感，就如同一切自學的過程一樣，先要下定決心。學習的動力要來自意志。這並不是一件很容易的事，有些人是做不成的。

要知道美感的培育與語言一樣，自環境中學習是輕而易舉的。試想孩子們學說話何曾花什麼力氣？只要在母親的愛護下成長，自然就學會了。可是要學另一種語言，即使是經過學校教育也是千難萬難的。我們學英語，自中學到大學，甚至留洋，十幾年下來，還是一口洋涇濱，似通非通，遠不如幾歲的外國孩子。我們所說的母語就是在孩童時的語言環境下自然學得的。

美感的形成也是如此。一個孩子在美的環境中成長，他自然會養成「眼力」，不需學習。這就是美感被學者們指為貴族的原因。在過去，只有貴族之家才講究品味，美感是品味的一部分。貴族之家建築富麗堂皇，家用器物都很講究，衣著整齊，都蘊有美感。在這樣的環境長大，美感與母語一樣，成為孩子人格的一部分了。可是自十九世紀以來，貴族已經不是美的獨占者了。歐洲的城市已是中產階級的居住環境。富裕的市民的品味已上升到古代貴族的層次，因此創造了今天我們看到的美麗的歐洲城市環境，使我們流連再三，回味不已。

以美感教育提升競爭力

到今天，富裕時代來臨，很多開發中國家已經富有了，新城市大量建設中，中產的市民逐漸成為社會的中堅。他們也開始需要生活的品味，其中包含了美感。因此隨著富裕生活的普及化，美，成為必需品了。

現在面臨的問題是，開發中國家與歐洲不同，不是緩慢進步，經由工業與科學的發展逐漸富裕化的，而是在短短的幾十年間，學習西方的文明，在西方的協助下迅速發跡的。因此沒有經過自貴族而市民而大眾的長期文化傳遞過程，就暴發了。所以像台灣這樣的地區都面臨文化的空虛感，缺乏高尚的氣質。但是在精神條件不足的情形下迅速建設成的生活環境，通常是混亂、醜陋的，沒有辦法提供下一代美感養成的氛圍。

我國古人知道品味的養成是緩慢的，所以有「兩代會吃，三代會穿」這句話。有錢了，需要經過一段文化培育的過程，通過後代的教育與高尚人士接觸的機會，慢慢改變。我努力推廣美育，是希望利用教育的手段縮短這個轉變的過程，使這一代的人，至少是下一代，就能有掌握美感的能力。因為廿一世紀是美感的世紀，在全球化的大趨勢下，美感是一種競爭力，提前掌握美感能力，可以保證在競爭中不會落後，不會停留在代工的階段。

找到美的基準

對背景加以了解，就知道今天的讀者朋友要認真提升美感能力，非下決心不可的道理。下決心把自己的潛在的美感能力發揚出來，首先要找到美的基準。可惜的是在台灣的環境中沒有這樣的基準，即使有也沒有人把它標示出來，要怎樣堅持下去呢？這就是我要寫這一系列文章的原因。我希望通過我的介紹，可以使讀者們找到基準，先認識哪些才是美的東西。在第三世界國家，這實在是很令人感到絕望的起步。因此有些學者乾脆否認美的存在，或把美汙名化，把美視為主觀的判斷。這是逃避問題。

下決心首先要相信自己的本能與直感，你並不需要學，就有美的判斷力。堅定了信心，就可自最受本能制約的美的判斷著手。男孩子喜歡美麗的女孩子是理所當然的，不必忌諱，應該大膽的去欣賞。走到街上看女孩並沒有什麼不道德，她們打扮給你看，你卻不看，豈不是浪費？只是你看不必一定要搭訕、相識，卻要保持批判的品頭論足的態度，看到真正好看的要多加欣賞，偷偷的被感動。

從自然之美的體驗中尋找

閒來無事到公園走走。我這樣說，是因為自然之美，特別是花草樹木，是上帝設計的。希望提高美感能力的人到自然界去找美的基準點是最合理的，只是要用正確的方法去看自然而已。

先把自己變成一個愛花的人。我說愛花就是愛看花，就是自樹枝上或草莖上長出的自然花。沒有審美能力的人對插花的藝術尚無法理解或批判，所以為了培育美感，我並不勸你去學插花。同時我希望市政府的公園管理單位不要浪費公帑，去弄些古怪的花展之類，破壞自然之美。花展只以展出花為目的還可以，千萬不能利用花來搞別的名堂。我曾在大安森林公園中看過虐待花的展覽。用各種花當成顏色材料，編織成各種圖案與造型，花的本質失掉了，只看到一些造型；用花做成的動物與人物，甚至故事，市民們興高

Vera／提供

采烈的看這些奇景，與花燈一樣，象徵太平盛世的景象。但是真正愛花的人看了這樣使用花朵，只能感到痛心。

這樣的花展除了熱鬧之外，你能看到什麼呢？那些造型不過五顏六色炫人耳目，形狀大多幼稚、怪異得不堪入目，對於美感只有反教育而已。當然了，這種做法之始作俑者是外國人。歐洲的巴洛克時代先有了用鮮花編成圖案的公園。但在院子裡把鮮花排成圖案，勉強可以接受，比起把它當成遊戲造型的材料要文雅得多了。

Vera／提供

欣賞一朵花的幾何秩序之美

真正愛花的人會去週末花市走走，藉著買花，仔細的欣賞各種美麗的花朵。是，就是欣賞花朵。你拿起每一朵花，仔細看看它的美。它的花瓣、花心與花萼，以及花的整體造型，這才是上帝的傑作！上帝為了美化這個世界創造了萬紫千紅，花的顏色、質感、形狀千變萬化，然而都是同一美的原則下生長出來的。美，是生命奧秘的一部分。上帝怎麼把這麼多種花統一起來的呢？

你會發現它們有共同的原則。它們的花瓣有尖、有圓，有少者只有四、五瓣，多到有數不清的如菊花，但都是自一個中心也就是花心向外輻射，形成圓形，它們或多或少是向天空面對陽光展開來的。因此「美」似乎與簡單的幾何秩序有關。有些比較繁複的花，如芍藥、牡丹之類象徵富貴的花，花瓣非常多，似乎沒有秩序，其實不然。上帝仍然讓這些花瓣層層的圍著一個圓心生長，或循著螺線的模式旋轉成豐富的球形花朵。只要認真的看看比較簡單的多層花瓣之花朵如玫瑰或康乃馨，就可明白其中的秩序了。仔細看你會了解，幾何秩序是美的泉源。

你也許會問：蘭花要怎麼解釋呢？台灣是盛產蘭花的寶島，「蝴蝶蘭」品種極多，有世界聲譽，為什麼不是圓形的花朵呢？要知道，今天我們常見的蘭花是經過花農利用人力造成的架式。我們買回來的蘭花，每一枝都有一根鐵條支撐著，勉強它們仰起頭來面對我們。這不是蘭花的天性。原生的蘭花是生長在山谷中的石崖上，根扎在石縫裡，孤獨的面對著風雨，所以古人稱蘭為幽蘭。蘭之莖受地心引力的拉扯是自然下垂的，你可以想像當蘭花結苞開花時是背靠石壁，面對幽谷，並不像其他種花向上伸展。因此蘭花是向前而不是向上展開的。這是它的花形呈左右對稱，狀如蝴蝶的原因，對稱在大自然中是一種非常普遍的幾何秩序。除了圓形花朵與有些海洋生物之外，一切生物都是以對稱為基本形態的。對稱是上帝的指令之一，圓形是多軸對稱，沒有它，視覺世界就亂成一團了，為什麼高級動物都有兩隻眼睛、兩隻耳朵分居頭部兩邊，一隻鼻子、一隻嘴巴居中呢？要構成單軸對稱，如果不對稱，世上還有美可言嗎？

如果你認真欣賞蘭花的花朵，會看到每朵花有五個花瓣，其中兩瓣為圓角的三角形，向左右展開，與花心構成花的主體，面對世界。其他三瓣為橄欖形，襯在後面，一片在上面直立於中央，兩片在下面，分處兩側，呈三角形排列，花心非常有趣，中央為花蕊，下面有三個小花瓣，形成一個小平台，應該是提供採花粉的小動物站立之用

吧！這一點就要去請教專家了。

大自然的偉大設計奧秘

如果你欣賞的是有色彩的蘭花，如我眼前的一朵，是粉紅的底子上有深紅的斑點。會發現上帝在色彩的設計上也是有秩序的。顏色的分布在接近花心處比較濃，靠近邊緣處較淡；後排的三個花瓣，上面居中的較淡，在下面兩側者較濃，非常合乎我們心理的需要。我眼前的一朵，深紅色呈點與線分布在花瓣上，約略形成脈絡，使花瓣看上去像紅色的樹葉，上帝用這脈絡來傳送營養與水分，同時也建立起視覺的秩序，呈現美感，祂是一位偉大的設計師！

抱著這樣的心情看世界，即使自地上撿起一片樹葉，也可以品賞它的美，因為它們都是上帝的造物。

上帝設計的葉子，大多是尖角的橄欖形，一邊是連結小枝的蒂，一邊是指向天空的尖，中央有一支梗，是主要的動脈，自主脈上分出有規則的支脈，支

撐著葉面，同時傳送營養到葉面。仔細看可以看到自支脈上分出微血管一樣的絡，像網一樣的遍布全葉。你看不出明顯的秩序，但又感到一種自然分佈的美，以分枝系統為架構。那些你看不明白的脈絡系統，每片葉子都不相同，都很類似，是生命的現實，在成長的過程中，個別的生命因不同的境遇，以不同的方式，在同一原則支配下成長，這就是不變中的萬變，也就是大千世界的奧秘。

我記得小時候，不像今天的孩子有那麼多玩具，自小學起，老師就教我們拾樹葉，夾在書本中留念，這個習慣我到老來都無法忘記。十幾年前我已六十多歲了，在秋天到京都散心，適逢紅葉鋪天蓋地，令人感動，我拾了幾片夾在書中帶回來，至今已乾透失色，但其美感仍在。我不會寫詩，但忍不住寫了兩首小詩，歌頌它的淒美。自然之美是如假包換的美，俯拾即是的美，所需要的只是打開眼睛，認真的看到它的存在。

紅葉：京都的紅楓（Lin／提供）

科學家的發現，強化對美追求的信念

自然的美，科學家最能理解了。他們由於學術的研究必須有系統的、非常細心的觀察植物的形狀與結構，而且還會使用科學儀器如顯微鏡，在放大若干倍後觀察自然物的形狀與結構。他們發現自微小世界到超大世界，生命是依循同一原則在運行的，其完美令人驚嘆！這就是科學家到老會相信神的存在的原因！在廿世紀，科學家的這些發現經由傳播，強化了現代藝術家對美追求的信念，使他們相信，美是天授的，不是階級鬥爭的武器。作為人類而不去領會美的價值，是暴殄天物，實在太可惜了。

從零開始

凡是被利用的美都是有目的的美，就不是眞美。這是大哲學家康德花了不少口舌所告訴我們的基本道理。

以眞誠爲美德，從人類文明的基本價值談起

對於已經成年的朋友們，從頭學習美感並不困難，但要從零開始。這是因為美的本能被長年累月的錯誤文化灰塵所掩遮，已經不見天日，如果不打掃乾淨，本能的力量是顯現不出來的。請大家不要視為一種侮辱。

這個問題在人類文明的基本價值，真、善、美三方面，當論及素養時是很近似的。人類都有追求真實的本能，以真誠為美德是一種普世價值。但是在「真不易明」的情形下，人類自原始時代即逐漸被巫、鬼的信仰文化綁架，成為迷信的奴隸。科學的精神只在非常有智慧的聖人心中傳承著。在大部分的文明中，求真的本能隱而不顯，只有在西方文明中，遇上宗教信仰與真誠的本能相配合的歷史機緣，才有今天的

文明世界。即使在科學昌明的今天，世上仍有大部分的人民沉湎在迷信中而不能自拔。在台灣，民間的迷信為惡人所乘，時有大學畢業的女生被神棍矇騙失身的消息，可知擺脫迷信的羈絆不是一件容易的事。

人類也有善行的本能。我國的亞聖孟子倡性善論，他用孩子掉到井裡大家都會搶著去救來說明人類善的本性。過去教孩子念書認字的課本，《三字經》，第一句話就是「人之初，性本善。」第二句話是「性相近，習相遠。」這是說，人與人的本性是很接近的，後來的學習環境不同才有善惡之別。古人的智慧點明了，人的善良本性很容易被蒙蔽，要想發揚善性，必須把善心上的塵埃都清除了才有可能。不幸人類長成時的學習環境是自己不能控制的。

相對的說，美的本能被掩蔽的情形是不算嚴重的。真未易明，善未易察，在價值判斷上的困難是我們常有的經驗。因此在世上充斥著偽君子、假聖人，使年輕的一代在求知、為人方面無所適從。前些時，台灣大學的校長因主張氣功的科學價值而受人質疑。自古以來，嚴格的信守道德規範而冷酷無情的人廣被批判。古代處置紅杏出牆的女性是非常殘酷的，這種規範是善還是惡呢？美，確實沒有面對如此的考驗，它的誤判對人世的影響也沒有那麼嚴重。

但是古人有「目迷五色」這句話，是把美視為善行的障礙。這是說，美的價值混亂了，會使人在做人方面迷失正途。比如今人在酒廊裡過紙醉金迷的生活，會失去本性，毀掉自己的人生。可見匡正美感的價值也是非常重要的。但一般說來，美與不美對我們的影響不大，所以我國自古以來就沒有一套美的原則可供我們學習。

最理想的裝飾是強化原有的造型精神

美，自古以來就有高尚的美與流俗的美。通向性靈的美，我們視為高尚，那是真美；通向快感的美，我們視為流俗，那是假美。真美常常被假美所掩遮、所混淆，所以真正保持愛美本性的人並不多。其實在高尚之美的範疇中仍有些分際，所以美學家們爭論不休的去為美下定義，在此我們暫存不論。但純粹高尚的精神也不能視為美。

讓我舉一個例子來說明。

一只咖啡杯是一個生活器物，應該有美觀的造型。這個造型，包括它的式樣、表面質感與實用性，表達出美的精神，使我們感到愉悅。除此之外，沒有其他目的。這就是正當的高尚的美感。可是杯子的製作者不會到此為止，他會在上面刻或畫些東西，因此趣味就轉移了。這就是裝飾。

裝飾足以吸引我們的眼光，而且花樣多，不可避免的奪走了杯子原有的美感。最理想的裝飾是強化原有造型的精神，也就是提升其美感。這就像美味中加點提味的佐料。在西方史上，廿世紀初的「新藝術」時期的很多裝飾就是按照這個原則做的。美國大建築師萊特的有機建築理論，在建築裝飾上用得很多，大多是強化建築原有的精神。這樣的裝飾大多是圖案性的，形象的使用是點綴，因此裝飾只會強化主體，不會奪去主體的風采。

在杯子上畫畫，情形就完全不同了。凡是畫了大家喜歡看的畫，大多屬於世俗之美，因為不遷就流俗不足以吸引購買者的注意力。進入畫的領域，天地就遼闊了。在杯子上我曾看過床戲，至於裸女之類是很平常的。當然，可愛的女孩子與童子、美麗的花朵，都可能是題材，甚至也有高尚的山水畫與名家的抽象畫。可是希望藉繪畫的力量顯示杯子的美，會令人忘掉杯子的存在者，都應該是假美。以畫的內容通向快感的尤其是美感的敵人！

中國古代的音樂，受到士大夫稱賞的，是今天我們所知道的雅樂。真正的雅樂早已被我們忘了，只在日本還保留了一些。那是些簡單的韻律，發之於簡單的樂器，呈現節奏、和諧之美，激起高尚的情操。可是音樂到了民間，就與酒家的娛樂混為一體，成為助興的工具，它的美感就被利用來促進快感，所以古代聖人要大家遠離「鄭聲」，是恐怕被它的淫蕩的樂音所蠱惑而失掉神智。凡是被利用的美都是有目的的美，就不是真美。這是大哲學家康德花了不少口舌所告訴我們的基本道理。

恢復美感的本能

聰明的讀者可以了解，由於我們的美感本能很容易為繁複的添加物所蒙蔽，為了恢復我們的審美能力，首要就是除去這些添加物。這就是為什麼近年來很多人提倡減法美學的原因。減法就是先除掉多餘的東西。使用減法，可以不必辨別那些添加物是好的，那些是壞的，先回到最素樸的狀態再說。比如我們使用一個純白色的杯子。

一個真正的美人最好穿最素樸的衣服。古人說：「女要俏，一身孝」，就是指穿白色衣服的女孩子最能顯出她的美。因為衣著無色，人們才注意到她的身材之美，她的面容之美，如果穿著五顏六色，裝飾華麗的衣服，她的美反而不容易顯出來了。這就是為什麼，西方婚禮中的新娘子要穿白色婚紗的緣故。我國古式的婚禮中，男女都著多彩紅底的盛妝，其象徵的意義大過美的意義。

有人問我，減法要減到什麼程度呢？最好減到一無所有，也就是自零點重新開始。

台灣傳統建築的山牆

在簡單中發現質感的變化

上世紀的末段，有所謂「極簡」的觀念產生在建築與藝術界，就是要回到本源，以明心見性。在中國道家的思想中，這就是無的境界。然而正因為無心，真性才會呈現。我們面對一堵白牆壁，似乎空無所有，上面沒有任何飾物，開始時你會覺得空洞無物，既無美感也無醜感，看得多了，你會發現即使這堵白壁也會使你有感覺，甚至使你感動。

你會發現白壁有大小、高低、寬窄的不同，輪廓會很明顯，尤其是幾面白壁在一起的時候，它們會有比例與組合的問題。台灣的傳統建築的山牆常常是一面白壁，頂端是人字曲線，中央是尖的或圓的收頭。它默默的承受日光的照射、風雨的侵襲，好像一張白紙，聽讓大自然在上面塗抹，但只有非常敏感的人才能在上面發現無言的樂章。在早上陽光初升起時，可以看到一抹金黃掃過，帶來幾分歡笑；下午夕陽西下，白壁呈現灰青的調子，帶來幾分憂鬱。小雨中，粉壁著水出現水跡，壁面忽呈現變化，質感更加清晰了。長時間的沖刷，塵埃就是淡彩，粉壁呈現時間的痕跡，甚至可以用多彩多姿來形容。

如果你開始喜歡白壁的美，可以到大陸皖南走走，那裡有白壁組成的樂章。中國的江南建築群是白壁的組合，徽州為其中之最，足以讓人流連忘返。層層疊疊的白壁，各種形狀的白壁，歲月沖蝕的痕跡使白壁白中帶灰，就是徽州建築之美，灰瓦的屋頂只是白壁的勾邊。

金門民宅的白壁之美

徽州村落：宏村的白壁層疊之美

大陸皖南的徽州村落

是的，在簡單中才能發現質感的變化。因為是白色，才會介意它是反光的還是暗光的白色。象牙白有溫潤的感覺，油漆白的亮光有時會刺眼，白，也有一系列的白。你依照自己的體會，慢慢提高敏感度，會發現極簡中的豐盛。你會感覺到，只要有牆壁，有光線，有空間，就已經很豐富了，如萊特所說的，繪畫與雕刻都是多餘的。

接受白壁之美，可以開始增加元素，比如壁面的部分使用磚砌。台灣的壁面使用紅磚，大陸多使用青磚，色感不同，各有其長。要點是牆壁上多了一種材料，就出現組合的問題。磚可以做白壁的牆基，可以做邊柱，也可以做頂上的收頭。可以用得多，把下半段全用斗子砌，只留上半部為白壁，也可以用為點綴，只做勾邊。現代的組合千變萬化，就產生創造問題。組合就是構圖，是美感的重要課題。元素增加，構圖的方式越多樣化，美感的範疇越廣大，越不容易掌握。對於初學者，以自少到多逐漸增加，以在自己的掌握之內為度。有些人

徽州村落：帶灰色調的白壁之美（林載爵／攝）

台灣紅磚壁面之美

的個性永遠停留在極單純的美上，以比例、質感與色感為範疇，但總不能避免在白壁前放一張桌子，或在上面掛一張畫，這就免不了涉及構圖之美的問題了。

清潔是美感的眞正初階

說到這裡，我必須強調一個觀念，即清潔是美感的真正初階。這對於出身貧苦的朋友們是一大考驗，因為生活中是否能排除髒亂，是一個自小養成的習慣問題。小時習於雜亂，學習清潔整齊的生活是要一番努力的。在國民政府努力提倡新生活時，希望改變國民的貧苦的生活方式時，有「青年守則」十項，要下一代遵守，其中一項是清潔，但僅視為健康的基礎，沒有想到美感的培養。其實清潔在身、心兩方面都有極大的影響。

在古代，一個清貧的讀書人所能做到的，就是窗明几淨。他也許一無所有，但如能做到窗明几淨，就可以進入美感世界。通過明亮的窗子可以看到外面的大千世界。樹葉的綠色會特別明亮，雲霞的流變會特別動人，自然的一切景色都是燦爛的、美麗的。一個簡單的檯子如保持乾淨，都能顯現木質的樸素的美感，可以沉澱自己的心思，擦亮自己的心鏡。所以古人的學堂生涯，開始時就要學著灑掃，把環境弄清潔。

然後才是學應對處人之道。

抬頭看看世界，東方民族中以日本人最愛清潔，他們也是最注重美感的民族。日本與我們有世仇，但不計仇恨，可看到他們的生活，是以簡單、清潔為主調的。他們不重視壯觀的空間，與中國和西方比較，住宅大多狹小，但因為小，所以與身體較親近，越需要清潔，用蓆為尺度來安排房間，睡在蓆上，不必太多家具，只要把地板擦淨就好了。吃也很簡單，餐具種類少，可以講究些。但雖只是普通的碗、碟，也是陶工努力做成的，都很可貴。日本在接近西方文明之後，很快工業化，而且產品可以趕過西方，就是這種以清潔為基礎的美感所造成的。

在西方文明中清潔是普遍的價值，近世荷蘭這個小國的人民最愛清潔。荷蘭在十六世紀後突起，成為不容忽視的進步力量，與此不無關連。現代主義時期，歐洲的先進觀念，凡涉及於簡單與美感者，大都與荷蘭有關。范杜斯伯（Theo Van Doesberg）的塊狀組合觀念，密斯范得羅（Mies van der Rohe）的簡單造型，都是現代造型美學的宗師，與荷蘭文化息息相關。這都是因為清潔為整齊之本源，整齊為秩序的動力，秩序為求和諧，也就是美感的基本要件。

秩序與美感

堆積與儲藏物資是人類最原始的天性，整齊與美感是人類經過教化的天性，這兩個矛盾的天性沒有妥協的可能，只有有教養、有自信心的人才能做到拋棄多餘的東西，完成追求心性生活的目的。

在第一講中，我希望讀者先成為愛美之人，第二講中，我建議自清潔，也就是一無所有開始。第三講則希望進入美感的抽象世界，就是自清潔而整齊，進而認識秩序在美感中的重要性。

我們常把整齊、清潔說在一起，其實在真實世界上，人的習性原不懂得整潔，進入文明社會，整、潔也不是同時存在的。清潔與健康有關，排除生活環境中的惡臭與汙物，是最基本的做人之道，是人與禽獸的分水嶺。對清潔的要求越高，越能進入精神的領域。荷蘭人與日本人要求生活環境中一塵不染，本身有高度的精神意義。清潔雖可能與整齊並存，但沒有必然的關係。如果整潔並存，就已經自強身上升到美感的領域了。

與清潔比起來，整齊是比較高級的要求，想做到也比較困難。清潔只要打掃、擦洗就好了，整齊就需要用些頭腦。以現代人來說，清潔已經是必然會做到的，整齊則未必。比如大家吃飯後，一定會洗刷鍋瓢碗筷。即使是懶人也不過丟在洗槽裡久一些，終究還是要洗的。但洗過後安排得整然有序，下次用時手到擒來，就需要一點訓練才做得到，而且整齊是有程度之差等的，有人就是做不好，有人要求的條件則極高。

要做到整齊，其中一個條件就是簡單。首先，東西太多很難做到整齊；其次，東西的花樣多，也很難做到整齊。再以家用飲食器具為例，如只有一碗一筷，要整齊很容易，但如富有之家使用外國的餐具，動輒數十、百件，要弄整齊，需要經過訓練的管家才做得到。只種類與數量少還不夠，最好花式少。這就是富有之家，餐具成套的道理。所謂成套，就是製造時，每件的花樣已考慮配套的設計，放在一起就有整齊一致的感覺。這是化繁為簡之道。如果餐桌上的餐具杯盤碗碟各有花色，即使再考究的東西，只有凌亂的感覺，不可能產生美感。這就是為什麼今天的中級餐廳裡都使用白色餐具的原因。

從「減」與「簡」到與貪婪與擁有的本性奮鬥

整齊是美感之始。簡單容易做到整齊，所以「簡」是美的不二法門。近人說「極簡」美學，「減法」美學，都是這個道理。現代人過著富裕的生活，富裕的社會必然是商業社會。這樣的社會就會生產大量的物品，提供人們選購。產與銷是經濟成長的動力，我們作為消費者，又有人類貪多的本性，所以為商人所乘。他們不斷推出產品，我們禁不住誘惑，所以促銷的商場是最熱鬧的活動場所，東西都搬到我們家裡了。人類生活可以消耗的物質極少，東西多並沒有用，只是滿足我們的占有欲，然而這就形成現代人家裡東西過多，形同倉庫的問題。使得關心美感的朋友們大聲疾呼「減」與「簡」，恢復現代人的美感意識。

所以現代人談美，先要與貪婪與擁有的本性奮鬥。買沒有關係，要捨得丟棄或捐助。以居住環境來說，今天大家住得比過去寬敞得多了。但除非你非常富有，住屋的空間還是很容易成為庫房，如果你實在忍不住買東西，最好養成捐助的好習慣，買來不用，捐給沒有錢的人使用最為理想。這在經濟富裕、物價低廉、空間狹小的香港居民來說，是特別重要的。

我們知道，堆積與儲藏物資是人類最原始的天性，整齊與美感是人類經過教化的天性，這兩個矛盾的天性沒有妥協的可能，只有有教養、有自信心的人才能做到拋棄多餘的東西，完成追求心性生活的目的。即使過精神生活的人在這方面也是困難的。到我這個年紀的人，由於需要，大多累積了不少圖書資料，越到老年，圖書堆了滿屋，造成心理壓力，但也捨不得丟。在過去書籍是知識的象徵，但到今天，連學校圖書館也未必有興趣接受了。未來的政府文化單位的責任之一就是如何保存資深文化界人士的收藏物，包括圖書、手稿及文物。

言歸正傳。「極簡」有高度的精神價值，但並不符合人類的本性。過度的化繁為簡，有時會引起精神的疲勞。化繁為簡的方式之一是軍營秩序。來自各種社會階層的人來到軍營受訓，首先要把五花八門的便裝脫下，換上同一式的軍裝。軍裝的英文是Uniform，這個字的原意就是「劃一」，目的是非常整齊。在軍訓的過程中，一切團體行動都要劃一，使眾多的個人運作起來像一個人那麼簡單。為什麼閱兵典禮那麼好看呢？因為異常的整齊劃一產生美感。

尊重多樣性

可是我們都吃不消過長的軍營生活，很多兵士寧願到前線打仗。為什麼我們喜歡熱鬧、又喜歡尋求刺激呢？因為我們的精神不時需要進入興奮的狀態。在原始時代，人類為求生存，要獵取食物，又要被獵殺，必須保持高度警覺，精神在緊張與鬆懈之間起伏不定。到了文明世界，時常要模擬原始的狀態，以保持生命存在的感覺，否則就會出現衰與疲的現象，這是簡潔美學的最大敵人。

所以在美感上不能過分強調簡單。為了心理的需要，我們也應該尊重多樣性，這就是通俗美學上常說的「變化中有統一，統一中有變化」的原則。這話雖很普通，卻是美感經驗中的至理。我們既要統一，以整齊來達成；又要變化，如何達成呢？就是在變化中建立秩序。

秩序是在多樣中建立規律

統一與秩序有什麼分別呢？統一是劃一，也可以說是過分的整齊，如同阿兵哥排隊。秩序是在多樣中建立規律，是高級美感的基礎，一切美學都是自此開始的。西洋的古代藝術家以追求美為主要任務，大多發現美有一定的原則，必須抱著科學的態度才能找到美感的奧秘。所以文藝復興以後的大藝術家大多兼有科學家的身分，因為秩序與規律是可以用數理來理解的。

徽州村落：形式近似之美

掌握相似而非相同

可是秩序的第一個層次是自比較粗糙的感覺開始的，我稱之為**形式的近似**。美學家都承認拋開內容，才能有美的觀照，所以美只有外在美，這一點我已在以前的文章中討論過了。形式包括形、色在內，比如我們看到徽州村落的照片，頗受感動，是因為它是由白色的山牆與灰色的屋頂所組成的，從側面看，白色的面與灰色的線條，符合簡單、統一的條件。可是照片上呈現出來的，並不是軍隊一樣的統一。那些山牆與屋頂，大小不一，長短各異，是很自然的組合。可是每一個山牆都是一個白牆壁，上面有一人形屋頂，它們不相同，但卻相似。所以這種秩序的美就是形式的近似所造成的。

相似律在生活美感中使用非常廣泛。前文所提的成套餐具是一個例子。大體上說，凡在一個環境中呈現的眾多個體無法統一時，必須在眾多個體中找到一個一致的因素，使它看上去近似，而生統一之感。相似律應用最多的是城市建築。歐洲的古老市鎮常予人以動人的美感，原因有幾，其中最重要的是建築與建築間形式上的近似。走到古老的市街上，看到的建築無一相同，但建築風格是相似的，屋頂、門窗、材料等也大體相似，因此呈現和諧的整體。這與香港近年來所闢建的新市鎮，總是單調的成排同樣的大樓相比，可知相似比起相同來要好得太多了。

變化是指不相同的群體，統一則使用相似的要素來完成，所得的結果是美感，這些相似的要素就是秩序與規律的建立。所以只要掌握相似的條件，就可以得到美感的效果。這使得美感沒有那麼難得，特別是在環境方面。

韻律為美感所必要

秩序的第二個層次是比較精確的感覺，是**單純的韻律**。如果我們把「最簡」所呈

歐洲古老市鎮建築形式的和諧感：相似而非相同
（德國杜賓根城廣場，Vera／提供）

韻律：把握和諧的原則（密爾瓦基〔Milwaukee〕的美術館大廳天花板）

現的形式視為單一的韻律，多樣的組合所呈現的韻律就是豐富的韻律。它所追求的感覺是和諧。一般說來，音樂的韻律是豐富的，組合得好，幾十個樂器可以組成美麗的和聲，在視覺上，韻律可以簡化為節奏，因為眼睛在這方面遠不如耳朵來得靈敏。

韻律與節奏的意義是相同的，但我的解釋，後者比較有打拍子的意思，意象比較簡單，韻律則應用來描述繁複的多層和諧關係。舉例說，在建築上用節奏來描述秩序較為恰當，因為建築形式的要素都是很簡單的。西洋建築的古典系統的外觀大多是柱廊。柱廊就是使用簡單的柱子為單元，經重複而形成的節奏。複雜與簡單的韻律都是美感所必要的，而且都講究精確的表達方式。

很奇怪的是，人類對聲音的節奏很敏感，當耳邊響起樂音的時候，身體自然有形無形的跟著起舞，配合著節拍。但是視覺上卻對節奏的反應很遲鈍，必須要經過提醒，甚至教育才領會得到。這是建築對一般人而言不算藝術的主要原因。生活美學推動之困難正在於此。

今天的建築已經少用一排柱子的情形了，但是卻有整齊排列窗子的設計。現代主義時期喜歡水平窗，建築的外觀常常是一條條水平的平行線，與古代的柱列有異曲同工之妙，可是到了當代，大家反而喜歡老式的整齊的窗列了。這些在節奏上都是簡單

壁面磚砌開口A.A.A.A節奏

的。在過去，建築學者把節奏用英文字母表示出來，今天試用它向讀者說明之。

古典柱列式的節奏可以用A・A・A・A表示之。到文藝復興時代後期，有些建築師開始把這種單純的節奏略為增加，在大柱間加一小柱間，就顯得豐富些，這時可寫為A・B・A・B・A・B・A。派拉底奧的建築廣為歐洲各地模仿，這兩種建築式樣在台灣也可看到。近年來台灣建了不少高樓，在玻璃帷幕上加了直條挺子，這兩種節奏都可以找到例子。至於老式的窗列，則可視為垂直與水平均適用的A・A・A・A節奏。

把握和諧的原則

視覺秩序的最後一個層次是**較繁複的韻律**。單純的節奏常常是對稱的，平面的，視覺的韻律則應指非對稱與立體的秩序，這種秩序是常見的，只是不為大家注意而已。在建築上，出現最多的是獨棟住宅。在理想的室內設計中，這幾乎是最常見到的秩序，因為在現代生活中，居住環境所需求的物件太多了，多得幾乎相當於一個樂隊，如果不能把握和諧的原則，視覺美感就淪失了。

想想看，住宅室內有多少物件？各部分的牆壁、天花板、地板、門窗等建築元素之複雜度已經超過建築的外觀了，另要加上大小幾十件家具，各種燈飾、擺設、餐飲器物，再加上藝術品。把這些東西歸納為一和諧的整體豈不是非常困難嗎？這就是為什麼非常富有的家庭室內反而有令人不安的感覺。也就是為什麼我在前文中一而再，再而三的提到減法的緣故。如果不自零點開始思考，經營一個高度美感的環境幾乎是不可能的。

可惜的是建築室內無法與建築外觀一樣加以簡化，節奏化，使用相似律也只能達

威尼斯圖書館，呈現柱列多重的節奏

到某種初步的和諧感，無法得到雅致的審美感受。而一般的業主必須有高品味的素養才能欣賞一流的精緻的設計，他們通常會以自己的品味干預設計師的作業。這就是真正令人激賞的室內設計極為少見的原因。

比例之美

其實古典美學就是文明世界最早找到的完美價值。那是直接自人性中發掘出來的東西，並不是高深的學問。

在古典美學中，比例是美的根源。比例是怎麼回事呢？為什麼被描述得那麼偉大，甚至說成神的意志呢？

其實古典美學就是文明世界最早找到的完美價值。那是直接自人性中發掘出來的東西，並不是高深的學問。美就是好看，就是看了使我們感到愉快，甚至被吸引的那種力量。古代的聰明人直接分析這個現象，很自然的找到比例的觀念，因為它是在我們眼前的現實。所以古典美的觀念是不易被挑戰的。只要人類沒有演化為另一種動物，古典美的原則就不會改變。

古典美來自人體

古典美來自人體。我們對萬物之美可能互有異議，但對於人體的美大體上是有共識的。我們欣賞一位美麗的女孩子可以分為兩個層面，一是身材，一是面貌，兩者缺一不可。現代美女的身材之極動人者被稱為魔鬼的身材，就是具有性之吸引力的身材，是胸部與臀部等性徵特別誇大的身材，可是古典美人是指處處恰如其分的身材。除了該肥處肥、該瘦處瘦之外，身體的各部長短要合度，古人說：增一分則太長，減一分則太短的程度。怎麼才是合度呢？西方古代找出了各部尺寸的關係，稱為比例。因為人有高有矮，漂亮與否與高矮肥瘦沒有必然的關係，所以不能用絕對尺寸來定美醜，是以各部分的比例來決定。比如我們說一位女性窈窕動人，不能只說她胸圍多大，至少要把三圍數字都報出來，才能給我們完整的概念。自三個數字我們大體知道她的身材是否合度。

身高的各部分長度，在比例上特別重要。西方人很早就觀察到，兩臂平伸的長度與人體高度約略相等，大腿的長度大體上與上身到頭頂相等。一個勻稱悅目的身材，頭大約占身高的八分之一的比例。

至於面貌的比例就更加細緻了。因為面孔是我們與人接觸最直接的部分，也是辨別個人的符號，其組成單元為五官，展現出的感覺影響個人的一生，所以各民族都有相面的傳統。對於白種與黃種人來說，一個令人愉快的勻稱面孔，額頭的高度相當於眉毛到鼻端、鼻端到下顎的長度，同時面寬是額頭的兩倍。如果額頭太窄，面寬太寬，就接近人猿，不太上眼了。

「黃金比例」統合複雜的元素

為了追求美的奧秘，自古希臘以來，西人用各種方法來尋求細緻的美感原則。十六世紀認定美的規律就是物體的完美比例的德國大畫家兼理論家杜勒，使用科學的方法，也就是度量、記錄統計人體各部分的長度，保證在美感創造上的成功。他對男女身都曾留下完美比例的圖解。

這種實驗主義的美學態度不容易為大家接受為普遍的原則，大家自然會注目於古典時代以來所發現的「黃金比例」。所謂黃金比例是怎麼回事呢？

它是古希臘人發現的一個神秘數字，可以自數字上找出，也可以自幾何學上找出。自幾何上的求法是這樣的：

先畫一個正方形，在中間畫一條平分線，自此線與底相接邊 a 為圓心，以右上角 b 為半徑，向右下畫一弧線，與底相交於 c，這樣形成的矩形，就是黃金矩形如圖一。這個矩形如此簡單，有何神秘可言呢？

請看圖二：把這個矩形先畫成原有的正方形與增添的部分，然後畫一對角線ab，用直角自b點向右下畫線，至c，自c畫水平線就形成右下角一個小的矩形，與原有矩形完全相似。如果重複如上的操作，會發現越向內收，矩形越小，但比例完全

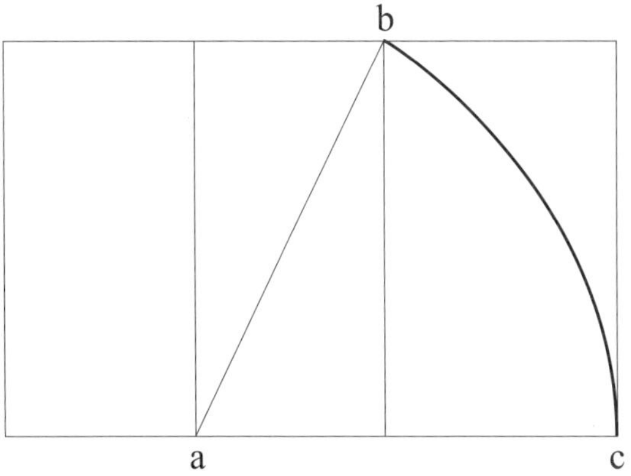

圖一

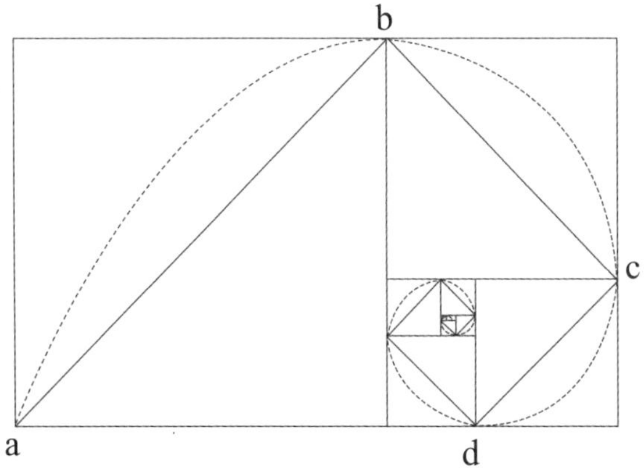

圖二

相似。連接這些點，就是所謂黃金螺線。有趣的是，沒有任何其他比例的矩形可以構成這樣美的螺線，也就是海螺斷面所呈現的曲線。

這樣螺線形式代表的意思是一個和諧的比例可以統合很複雜的元素為一整體。這樣去看美麗的面孔，這個比例也用得到。自大處看，臉孔自下頷到眉毛的長度與眉毛到頭頂的長度之比應為黃金比；自細處看，自下頷到上嘴唇的高度與上嘴唇到鼻端的高度應該是黃金比，自鼻端到眼睛下側與眼睛眉毛高度也應是黃金比。如果仔細看，還可以分析出更多這樣的比例關係。

以上的分析是自幾何的觀點看黃金比，自數字上求也可看出其神秘性。在數學上有一種費邦尼基數十分有趣。自零開始，前位數與本位數相加，作為後位數。○加一等於一，所以第三位數是一，一加一等於二，所以第四位數是二，依此類推，形成一個數字系列如下：

0,1,1,2,3,5,8,13,21,34,55,89……至於無窮

這個數列，前後相鄰數字的比例在審美上是有意義的。一比一為正方形，是幾何美學的基礎，一比二是倍數，二比三是一倍半，簡單矩形秩序的基礎，都是審美工作者常用的比例。自三比五以後逐漸出現不易掌握的比數，是除不盡的。三比五是一・

六六……。以後的比數都是一・六之尾數上變化，接近一・六一八……。所以約略的說，審美工作者視五比八與八比十三為黃金比是可以接受的。因為到了後面，只是在小數點的第三位上變化了，在視覺上已經沒有意義。視覺並不是很精確的感官。

這個基數在生物學上沒有用，在量度生命現象的時候可以使用在時間與空間的觀察上，如葉子生長的序列。

靜態觀看舒適的黃金矩形

具有美感素養的人大多是自對比例的敏感度開始。這一點，審美工作者大多是同意的。爭議點主要在黃金比是否那麼不可或缺。現代建築大師柯比意先生是黃金比的極端支持者，他自經驗中感受到，凡看到美的東西，用尺度量，大多合乎黃金比，因此他寫了一本黃金尺的書，放棄整數，以比例做成量度工具來從事設計。他下了很大的功夫，但沒有得到同業的支持，只能在建築史上聊備一格。但這並不表示比例的美是無意義的，只是大家不認為視覺感官要求這樣精確的運作而已。

我個人的體驗是，黃金比對橫向的矩形是有意義的。西方學者也提到，人類的眼睛左右對稱，在掌握橫向矩形時，在靜態的觀看狀態下，生理上最舒服的範圍約略相當於黃金矩形。自這個科學的觀察開始思考，可知五比八是接近理想的比例。為了便於操作，二比三也是可以接受的。正方形有其絕對性，很受到現代藝術家的喜愛。我個人也很喜歡。

也許是這個原因吧，我對直向矩形的比例不甚敏感。看直向的矩形，非用眼睛上下移動不可，因此是一種動態的觀看方式。為表達動的精神，畫幅越長越好。這就是國畫長軸的意義。在一個構成中，直向矩形的比例是配合橫向矩形，以建立視覺秩序而已。

羅馬帝國的凱旋門：比例優美的提度士拱門（Titus Arch）

從建築欣賞爲開始，體會比例之美

簡單的比例是建築美感的精髓。在藝術中，音樂與建築最為近似。沒有故事性，只有抽象的、數學的美感，而建築則為最簡的藝術形式。

羅馬的君士坦丁紀念門，為黃金比例

巴黎凱旋門

建築自對抗地心引力的結構形式問題，那就是柱子與梁所撐持的空間，或用拱砌成的空間。前者是矩形，後者是半圓形。因此建築的造型自古以來就是矩形與半圓形構成的，直到高科技建築來臨。可是到今天，簡單的幾何形仍然是最有力的表達方式。

在建築史上，這種幾何所構成的美，最直接的例子是凱旋門。這是羅馬帝國時代的產物，在廣場的進口處建一座門，象徵出征勝利凱旋，作為永恆的紀念，所以是記功碑的

柏林布蘭登堡門

性質，兼有都市景觀的功能。這種建築，由於完全沒有實際功能，是純粹的建築造形，後世很少使用，直到十九世紀，歐洲帝國主義大行其道，法國、德國才又有凱旋門出現，最有名的是巴黎凱旋門，及柏林布蘭登堡門。但是最優雅、美觀的還是古羅馬的遺物。

到了現代，結構技術進步，建築功能複繁，照說這種素樸的造型觀應該被放棄了，然而它仍就擁有強大的吸引力。最著名的例子是法國在巴黎西郊所建新市區中，其地標性建築就是一座新凱旋門。這原是一座數十層的大樓，然而在外觀上卻是一個簡單的ㄇ字；遙遠的與拿破崙的老凱旋門呼應著。它的美，只是簡單的比例良好的矩形。為了凸顯簡單的門框的意象，正面沒有開窗，進口的一些設施都以超現代的透明結構覆蓋著，使人感覺到素樸美感的力量。在它周圍有各種造型的當代高樓圍繞著，但因為簡單，才能控制全局，成為新市區的當然核心。

巴黎新凱旋門（Grande Arche）

說到這裡，想起國內的姚仁喜也是喜歡使用門框意象的建築師。他在元智大學設計的教學大樓，就把繁雜的功能歸納到一個簡單的門框中，在校園中具有支配性的氣勢。後來在實踐大學與台北市信義區，又有近似的作品。

欣賞抽象畫爲進程

矩形的比例，由多數不同矩形組成的韻律，是建築美感的主要來源。要想深刻體會比例的美，非自建築的欣賞開始不可。當然，要從現代建築開始，因為現代建築排除了具有故事性的雕刻的裝飾，回歸到結構的本源，沒有比例與節奏，就沒有美感存在了。

但是有一派現代建築師在注重比例之餘，仍然注重構造的工藝的美感；這一點，雖然抽象，仍然是有故事性的。對於有些純形式主義者，工藝的故事性也是多餘的，要做到沒有技藝痕跡的純淨形式。這就是初期後現代的古典風作品。使用圓柱而沒有柱頭柱礎，甚至完全消除柱梁的架構，用矩形的面與立方體來表現。

要把比例之美用在繪畫欣賞上，那就比較高段了。繪畫的故事性非常濃厚，比例之美是以構圖的方式隱藏在後面的，不是專家只能無形中感覺到，無法看得明白。然而繪畫中有沒有比例這種東西呢？不但有，還不能少。除了文藝復興時期特別重視的描寫人體時所必須著意的比例外，畫中重要元素的安排是繪畫創造的重要手段。沒有

保羅・克利，〈紅氣球〉（Red Balloon, 1922; TDI IMAGES／提供）

比例的訓練，畫家不可能創造畫面的美感。

在廿世紀上半段，現代主義盛行時的抽象畫，是比例與構圖在繪畫中最當行的時期。畫家蒙德里安用水平、垂直的線條作畫，與建築的立面非常接近。立體主義的繪畫與建築是互相影響的。大建築師柯比意是黃金比例的專家，他用黃金尺建屋，同時也用黃金尺畫畫。不只是繪畫，他的雕塑也有黃金尺的意味。他的作品被稱為純粹派，因為屬於造型的藝術，幾乎沒有故事性。

抽象畫在保羅・克利或康定斯基手上，奠定了堅實的基礎，前者略有人形出現，後者是純粹的音樂韻律，但都是用幾何組織為架構的。其背後就是比例與組合，這些對初學者也是不容易參透的，但減少了故事性，總是可以集中精神在整體構圖之美中著力。習慣了欣賞抽象畫的美，就算在比例之美的進程上入門了。進一步，你會在故事性作品中看出比例的端倪來。

西方的椅子在洛可可時代之後才大有發展，主要因為女性主導的生活方式有了舒適的觀念，不再強調男性的威嚴。

理性的美感

一般人總認為美是一種感情的反應，與理性無涉，有人甚至認為理性是美感的障礙。其實這是錯誤的。什麼是美感？是心情順適、愉悅之感而已！使我們產生美感的事物，必須滿足兩個條件，其一是順眼，其二是順心。順眼是指合乎我們前文幾講的一些美感條件，也就是視覺愉悅的原則，順心卻是指合乎潛在的合理的原則，為什麼是潛在呢？因為這些原則只是在我們的常識之中，是一種直感，而不是知識。

舉一個例子來說吧！我國古人常說一個美女的身材，多一份則太肥，少一份則太瘦，以描寫她肥瘦合度。真的，我們確實都有這種能力來品評女孩子的身材，但要我們說出個道理來，恐怕很少人做得到。然而怎麼知道這是理性的判斷呢？因為肥瘦合度指的是該肥的地方肥，該瘦的地方瘦，如果肥在肚子上，瘦在胸脯上，我們可以接

漢代陶器，但為邊疆民族的產物（鄧惠恩／攝）

受嗎？作為一個雌性的生物，胸脯的乳部要肥，腰肢要細，才是健康、可以養育兒女的女子。我們不必成為生理學的專家，上天就賦予我們這種理性判斷的能力了。

由於這種理性是以直感的方式呈現在我們的判斷之中，所以是人類天性的一部分。有時候，順眼與順心是無法分辨的。可是當美感經由文明的陶冶，進入人文的領域，用來判斷生活中所見所聞的人造事、物時，就不能不把兩者分開了。特別是當我們要創造一些物件來滿足我們對美感的需求時，理性的部分是極為重要的。因為這一部分在自然物中，是上帝賦予的，不需要我們擔心。

理性的美感大體說來是指兩點：第一是物質的構成，第二是合目的性，讓我分別加以說明。

物質的構成

一個物件必然是由材料製成的。比如做一

漢代罐子

個杯子，為了盛茶水，一定要用一種不會被水溶化，又不漏水的材料製成。沒有人用布類做杯子，因為它無法「盛」水，不會用泥做杯子，因為會溶掉。可是把泥土用火燒過就可以了，所以最早的古人就發明了陶器，直到今天，陶器仍然是適用的材料。在使用陶器之前，我們很難想像人類使用什麼器皿飲水。陶器之外，木材可以用來做杯子，可是木製要鑿成，工具不易，使用木杯可能是在陶之後了。

自此可知，材料之外是製作的方法。物件之存在，材料之外就是製作，製作無方是不成器的。為什麼陶器那麼予人自然的感覺？因為製作的方法是人人都想得到的，我們都有玩泥巴的經驗。木杯的製作就在我們的經驗之外了。本來最原始的不透水材料是石材，為什麼石器時代沒有發明石杯呢？就是因為沒有製作方法。直到今天，石杯都是不易製作的，做水槽等大型器物比較可能。

陶器使用了幾千年，但仍然很粗糙，貴族們開始講究美觀，在金屬工具成熟後，就用木材製杯。所以中文的「杯」字是木字旁，因為木杯製作比較工整、輕便。可是太工整了就會因壁薄易滲漏，不合實用。我們的老祖先才發明了漆器。在戰國到漢代，木胎漆器是很精緻的器物，漆器流觴杯是其中之一。直到陶器進步到瓷器，可以登大雅之堂了，木製漆器才慢慢在中國消失，繼續在日本流傳。

漆器（流觴杯）之光潔

在小型物件上，只看材料與製作就可以了。展現出來的是材質之美，專業的名詞稱為質感。一個日本式的陶質的杯子有粗質的表面，自然的凹凸的杯壁，但不令人感到粗鄙，就是因為這種粗陶素樸的美是由粗糙而自然的材質所造成的。這種質地原是鄉間使用的粗陶的特色，鄉下人並不以其為美，進入文明社會是有高度自省能力與美感素養的人才認識這種樸質的美感。中國的陶瓷到了宋代，因發明了光亮晶瑩的瓷器，有教養的階級放棄了粗陶的美，這種素養保留在禪寺裡，流傳到日本，直到今日。但原味的粗陶仍保留在中國的民間到二次大戰前，戰後在台灣仍找得到，曾為外國人收藏。日本的禪寺傳統的粗陶茶杯，由於升級為藝術品，反而有些做作，少些自然韻味了。

大型的物件，物質的構成在材料之外還要注意結構與構造。建築就是最好的例子，必須有工程師的計算，匠人的手藝，才能安全的豎立起來。一般人都認為結構工程是艱難的科技，不是我們所可了解，似乎無關於美感。其實不然。結構是靜力學，它的原則是我們可以感覺得到的，因為靜力學主要面對的問題是地心引力。生活在地球表面的我們，不論是我們的身體，還是我們所經營的環境中的造物，都必須抵抗地心引力而穩定的站立著。如果沒有銳敏的反應，我們怎能兩隻腳著地，不但可以站立，還可以跑、跳而不會跌倒在地呢？可見我們的身體有能力感受到地心引力，而且可以自然、靈敏的反應，在動態中保持重力的平衡，在重力

日本陶杯

的場域中生活得很愉快，如同在海中游泳一樣的輕鬆自然。

把這種感覺投射到對物件的感覺上，確實要有一些教養。可是上帝賦予我們的本能，把自己身體的穩定感投射出去，使我們對不安全不穩定的結構，可以迅速反應，而感到不安以躲避危險。**不安定感是無法與美感同時出現的，所以反過來說結構的安全感是美感的必要條件**。

當代建築非常強調驚奇感，是自反面用結構的不穩定感來刺激觀眾的神經。這樣會不會增加美感呢？是見仁見智的。如果我們用老一輩學者的說法把美感與快感分開，可以說驚奇感帶給我們的是快感，穩定感帶給我們的是美感。美感是愉悅，快感是痛快。今天的人類神經的敏感度降低了，愉悅的感覺逐漸麻木，非刺激不足以引起興致，所以美感慢慢要與快感混為一體，分不清了。話說回了，不論是自穩定感所得到的美感，或自驚奇感所得到的快感，都需要身體感覺的投射，因此都是體感的延伸。

功能的美感價值

說到這裡可以連接上「合目的性」的意義了。所謂合目的性，就是指一個物件必有其存在的目的，它的存在價值在於是否能完善的達成這個目的。所以當我們看到一個物件時就會自然的聯想到它的目的，凡此物體的外形使我們感覺會達成所預期的功能時，我們就會有順心之感，反之，我們就產生很多懷疑，甚至煩惱。懷疑與煩惱正是美感的敵人，它們阻止了理路的順暢。

一個物件的功能仔細分析起來也是科學。在這裡，我們所說的是感覺。功能的理性轉變為感覺的過程與前文所說的材料是相同的。

再回到杯子吧。在人類文明中，杯子文化發展到後期是以中國瓷器為主軸的。難道沒有其他材料嗎？有的，在考古發掘中，金屬的杯子是常見的。特別是王室、貴族，金、銀等貴金屬做成的杯子很配合他們的身分，可以有優美的造型與雕飾。我國的唐代受西方影響，也有不少發現。為什麼這樣高貴的東西被放棄，為瓷器所取代呢？

非常簡單的理由就是手感。我們都知道材料的導熱係數不同。金屬導熱快，因此溫度過高的飲料容易燙手。不但燙手，而且不敢近唇。由於這個理由，我們看到金、銀質的杯子時，除了有高貴感與價值感之外，沒有美感。相反的，瓷器的傳熱功能比較合乎人性，可以配合手的溫度，不只是表面光潔悅目而已。

手感最與美感相通的是玉器。中國人自古以來就知道玉是最溫潤的材料，握在手

宋官窯青瓷：溫潤的青玉之美

中有溫暖的感覺，因此與人格產生聯想，形成中國特殊的玉文化。在玉器最受重視的周代與漢代，玉盃少見，是因為玉是稀有的材料，製作很困難，所以以飾物與禮制器物為主。今天所見到的玉盃也是所謂禮器，並不是平常使用的。可是中國人念念不忘玉的手感之美，到北宋就用瓷器來代替，所以宋官窯的美感有大部分是溫潤的青玉之美。

在大型的物件上，功能的意義更為明顯。所以應用藝術的美感通常建立在功能上。我們在文前舉女性之美為例，胸大與臀寬是利於生養子女的象徵，也是建立在功能上的判斷。有時候由於風尚，流行女性弱不禁風，全身瘦小、柔弱，那不是健康的美感，是文學之感動。如同林黛玉的悲愁所惹人憐愛的感覺。這類女性之美大多靠衣物與姣好的面貌來贏得同情。

家具的功能與造型的關係最為明確。在傳統的社會，起、坐都是禮儀的一部分，因此中國座椅「正襟危坐」的意味非常濃厚。如果不懂得古人怎樣落坐，要欣賞明式家具中的座椅就非常困難。那時候知道怎麼細緻的表現出部材的手感與美感，同時保留社會的意涵。所以今天很少人去坐這種椅子，大多把它們當古物保存、欣賞了。西方的椅子在洛可可時代之後才大有發展，主要因為女性主導的生活方式有了舒適的觀念，不再強調男性的威嚴。沙發的軟面因而產生，木作的曲線形與裝飾，乃至金色的使用才被普遍接受。到今天這種仿古家具在富有之家還是很流行的。這是一種享樂的語言。

玉盃，經常作為禮器使用

到了現代主義流行的時代，椅子設計成為著名建築師的副業。他們一方面希望家具與建築相配，另方面希望家具造型與功能相結合。椅子設計因此要自坐姿的研究開始。日本人為這種研究專業起了一個名字，稱為「人體工學」，顧名思義，就是研究人體這種工程的學問，人體是一種產品，怎麼使它減少生活中的困乏是需要研究的。經過這一段努力，家具就融入生活了，有幾種造型美觀又非常舒服的躺椅，是古人所不敢想像的。

到了後現代，情勢又改觀了。現代家具繼續為大家使用，但後現代的建築師不在乎功能，特別著重外形的象徵，設計了一些只能看不能用的家具。這是因為到了富裕的時代，居住空間大幅增加，家具慢慢變成裝飾，很少使用，富有之家願意花大價錢買相當於藝術品之擺設了。

另一個原因是社會的價值觀多元化了。在過去所謂時代的精神代表了一個時代價值判斷的共識，今天的時代精神就是沒有共識，不再需要共識。這樣以來，時代的錯亂就成為理所當然的事。於是今人把古代的價值或造物隨意搬到現在，與不可知的未來的遐想放在一起，也不會令人感到驚訝，這就是今天藝術亂象的原因。

理性的美感實際是心中合理性的判斷與眼睛愉快的感受相交融而產生的。理性的判斷最初是來自常識，逐漸進入知識的領域，所以美感與知識是不可分離的。為什麼美感會有偏見呢?是知識缺乏的緣故。我們對異民族的文化常產生反感，是因為對他們的文化，宗教信仰或風俗習慣，一無所知，因此感到怪異之故。外國人初到中國，對中國文物諸多批評與譏諷，但熟悉中國文化後，對中國文物又愛之不忍釋手。中國古物的學術研究是外國的漢學家開始的。至今古玉的研究仍以哈佛大學的德國教授Max Lehr的著作為翹楚。所以美感的培養與學識是直接相關的。

色彩世界

我發現老師的調色盤是髒的，不像我的調色盤，幾種原色整齊的排列著，我忽然覺悟，原來我所看到的風景的顏色不是眞實的，而是我心中所想的。

我們常常把繁華的社會稱為「花花世界」，就是用豐富的色彩來描述人世的幸福感。但是花花世界同樣有紙醉金迷的與墮落生活的意味，可知色彩對我們的精神生活的影響是多方面的、複雜的。

人的天性是喜歡色彩的。對於花花世界，我們很興奮的用萬紫千紅來描述。人類喜歡花，就是喜歡它的色彩亮麗。因此我們不妨把色彩豐富的美視為生物性的美感。我們的眼睛看到花朵，瞳孔就自然放大，與看到美女一樣，所以文人通常把美女與花朵聯想在一起。可是人類進入文明社會，對色彩之美就有不同的價值判斷了。

中國古人對色彩的看法是原始的、象徵的。順著人的天性，把亮麗的色彩視為高尚的象徵。古代社會把色彩階級化，黃色的地位最高，屬於皇室專用，明黃只有皇帝可以使用。依次為紫、紅、綠、藍。黃、紫、紅為花的顏色，綠、藍為背景色，明、清官服的顏色就是按官階來穿，最低階穿藍袍。一般老百姓如何呢？他們只能穿材料自然的顏色，或者是黑色、灰色。所以古代的老百姓有一個稱呼：「黔首」，黔是黑的意思。在過去，老百姓建屋只能用灰磚、灰瓦，木材柱梁、門窗如要上漆，只能用黑色。閩南建築的紅色是歷史的偶然，在廣大中國的他處是看不到的，一直是建築學者心中難解的謎。

當精神文明開始提升，人文精神顯現的時候，這種原始人性就慢慢褪色，開始體會到「目迷五色」的問題，把色彩的象徵與生活中的色感分開。在我們的日常生活中，顏色是很平淡的，屬於自然世界的一部分。體會到五顏六色只是一時之燦爛，生命是平淡而自然的。如果一味的追求華麗，生命就迷失了方向。所以道家的思想與生活觀到了後世就成為讀書人的主流思想了。

平淡為雅、華麗為俗的觀念，在一切文明社會都被視為當然。只有貴族與鄉下人才喜歡亮麗的顏色，灰色黑色反而被視為高雅的符號了。對有隱逸思想的中國知識分子而言，自然才是最高的標準。因此自然環境中取得的材料，不加人工，被視為美。竹籬茅舍，原木的柱梁門窗，都是清淡得不被注意的顏色，都是無法描述的顏色，但其特色就是與自然環境可以和諧共處。換言之，在有人文素養的社會中，對於顏色的價值判斷，反而回到農村時代了。

讓我們回頭看看農村的自然色彩。它的重要特色就是沒有原色。我們放眼大自然，看到的是山林一片綠色，天空與河流是藍色，秋天到來，田野裡一片黃色，夕陽西下，陽光照射處雲天一片紅色。這些色彩反映在我們的腦神經中，我們一律以原色來描述與記憶，但我們真正看到的卻是調和色，這是一般人未曾留意的事實。

記得我少年時讀初中，有水彩畫一課，是平生第一次用彩筆塗鴉。老師要我們試畫風景，可是每嘗試結果都很刺眼。我心中困惑，開始注意到老師如何下筆。我發現老師的調色盤是髒的，不像我的調色盤，幾種原色整齊的排列著，我忽然覺悟，原來我所看到的風景的顏色不是真實的，而是我心中所想的。真實的顏色沒有原色，不但沒有原色，而且是一切顏色的混合色。當紅、黃、藍、綠各色混在一起的時候就是一種髒髒、灰灰的無以名之的顏色。所謂紅，是這種髒色加些紅，所謂黃，是這種髒色加些黃。我們眼睛看到的綠

色，一定要與髒色混用，才是真實的顏色。自這裡我了解，大自然是沒有原色的，所以十分調和，原色是人工的造物，所以看上去刺眼。

我因而體會到，調和是色彩世界的基本原則。我們在生存的環境中，常常無覺於色彩的存在，因為色彩是生命的現象之一。用色彩來辨別物體是日常生活必要的作業，否則就無以營生。這些辨別的功能都在下意識的情況下運作，所以都不是具有刺激作用的。只有花朵在調和的背景中凸顯，引起動物的注意時，人類才會對色彩產生短暫的興奮，然而即使是花朵也極少純正的原色。

所以在生活的層面，「花枝招展」是不正常的，是鄉俗的。平淡的中間色才是屬於生命的正常色調。到了近代，當日用品之色彩大多為人工著色時，就要考慮調和的重要性。當我們思考創造一個色彩環境時，極簡的觀念與平淡的觀念就成為思考的起點。

以衣著來說吧！

最早的衣服為植物纖維如麻、棉等織物的原色，那是粗糙的枯白色，勉強稱為白色。古人最早發明染色，是使用植物煮成。從自然界取材，各種顏色都有，但其共同特點是灰黯。到今天仍然流行的是藍染，可是已經自衣著轉移到飾品上了。把自然染織運用到生活中的現代化國家，恐怕只有熱愛傳統的日本人了。

當色彩的價值觀在文明社會中抬頭，在衣著上受到重視的原色有很明顯的分歧。其一是走象徵路線的文化，以中國為代表，其二是走平淡路線的文化，以西方為代表。其實中國衣著文化到滿清時期也受到異文化的影響，產生了變化，漸向平淡路線傾斜。對於西方與日本文化，最明顯的是，越是在非常隆重的儀式中，越是使用簡單的顏色，那就是黑色與白色。他們視黑、白為最尊貴的顏色，所以是禮服的顏色。中國新娘的衣服是紅色，日本與西洋新娘的衣服是白色，兩者都有象徵的意味。中國新娘的紅色代表的是喜慶與熱鬧。紅衣本是禁止民間使用的，但婚禮則為例外，是經特許的。白色的象徵是純潔，是代表新娘的貞操。但是紅色與白色

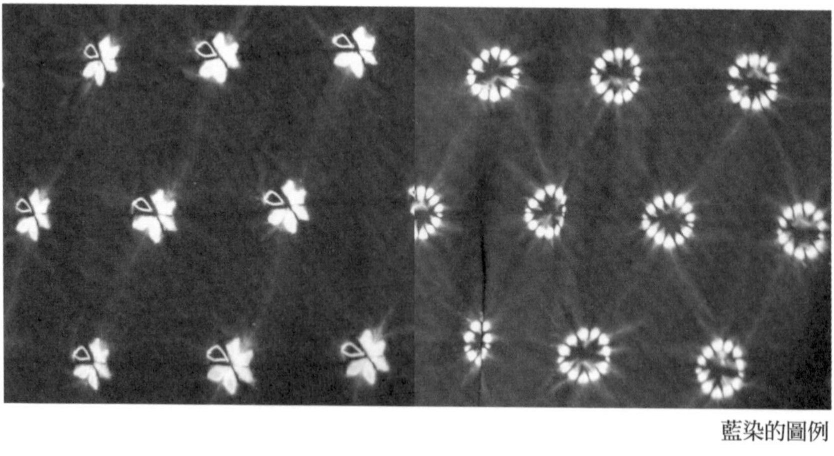

藍染的圖例

所象徵的意義在本質上是不同的，前者是意指結婚這件事的性質，後者則指新娘的人格。黑與白是人造的顏色中性質最明確的，也是對比最強烈的，然而兩者在一起卻能產生調和感，甚至可以相融。

黑白是無色，也是原色，在日常生活中不容易保持其純粹性，因此也是高貴的、貴族的，有相當的儀典性。它必須與清潔維持並行，市井小民做不到，因此不是適合於生活的常色。在衣著上尤其如此。黑白的代用品就是灰。灰色是黑白的調和，也是一切色彩調和的基礎，因此兼有與世無爭、包容一切的感覺。出家人喜用灰色是這個原因，古代的讀書人喜穿灰色的袍子也是這個原因。

現代社會中色彩之運用非常廣泛，但從事美感工作的專業者通常著無色的衣裝。建築師與設計師大多喜用黑色，以別於一般大眾，一方面為展現氣質，同時代表他們對色彩無偏見的立場，在設計師的心目中，黑、白是最高級的色彩，如果業主同意，他們會以無色為他服務。因此現代注重品味的服務環境，如咖啡館與餐館，大多以黑、白定調，包括家具與用器在內。

對比的色彩觀

現代主義的時代在精神上是無色無形的，他們崇尚無色的純幾何形體，但是他們也知道無形無色的世界是缺乏生命感的。因此當時有些設計師想到使用單純的原色於白色背景之上，一方面不會為色彩所亂，同時也可保有原色的亮麗。這種精神最常反映在藝術家的作品中，最具有代表性的是荷蘭人蒙德里安（Piet Mondrian）。

這位先生把畫面用垂直、水平的黑線畫成格子，以白色為背景，所以在構成上是黑線與白底的組合，在這樣純粹的背景之上，他會把其中的幾個框框中填上特定的原色，使畫面呈現活潑的氣氛。他有本事把世上的萬物都簡化為幾條線，然後使用原色，畫龍點睛般的，創造了特殊的美感。

這種抽象的美感是自真實世界的物象逐漸化約而形成。蒙德里安早年畫風景，即從觀察自然的秩序出發，後來受立體派的影響，開始以線與面來簡化自然，但仍然使用調和色為背景。五十歲以後正式把物象化約為直線組合，使用多種原色。六十歲後即簡化為一種原色，其餘皆為白色與灰色。由之，對現代建築與室內設計產生了深遠的影響。尤其是室內設計，以白色為底的原色對比，與自然材質的調和色設計，形成兩條主流，直到今日。大凡要求高品味、高格調的空間氣氛者，常常採用此一對比的

蒙德里安的作品（Untitled oval composition, 1914; TDI IMAGES／提供）

色彩計畫，而不講究色彩調和。

對比的色彩美以白色為底者是一種極端。事實上很少有人可以在日常生活中接受這種刺激力過強的設計，要求比較柔和的色感。這時候，要退回到蒙氏中年的色彩觀，即以調和色為背景，選擇性的突出重點為原色。比較常見的例子是室內設計使用灰調的中性色系，僅凸顯其中一件器物，如一把椅子，或鮮亮的沙發上的座墊。少了這一件對比色，室內有時太過舒服而有令人生昏昏欲睡之感。對比有強振精神的作用。

建築界使用對比色的方法之一是在自然色或白色的背景中，選擇一面牆壁使用原色。早年在住宅設計中，荷蘭建築師范・杜斯伯在基本為白色的建築體，把欄杆做成原色。此類設計，至今仍使用在歐洲的集合住宅上。

色彩調和的要義

美好亮麗的色彩既為人之天性，一般人雖不宜沉醉在強烈色彩中，在生活中仍希望看到多樣的色彩，因此在日常生活中，色彩的和諧是必要的，這也是在設計過程中，有必要提出色彩計畫的原因。

多色調和的唐三彩盤

前文提到，調和色的要點是灰色背景。灰是一切原色的混合，所以可與各種原色相配合。各種原色調入灰色後，即有溫和、協調之感。但是不可否認的，色彩有個人的偏好。色彩計畫的意義，即在和諧的色感中呈現個人的喜好。這是一種頗細膩的計畫需求。國人由於習慣於強烈的原色，在色彩的要求上敏感度低，故鮮有對色彩有特別要求者。在這方面，國人有從頭學習的必要。

使用有個性的調和色通常要落實在兩個條件上，其一是色系，也就是以原色之一為基礎。有人喜歡

似紅非紅的清郎紅瓶

紅色，有人喜歡綠色，可以自己所希望的原色為主色。調和色系中仍然以灰為調劑，但可透出各種以紅為底色的色澤。其二是色調，可大分為暖色調與冷色調。調色盤上有一半的顏色予人以溫暖之感，一半予人以冷清之感，視個人的喜好與個性加以選擇。每一種顏色都可帶有暖調或冷調。在大自然現象中，陽光與火是暖調的根源，所以黃、紅之間為暖色感的中心；海天與水是冷調的根源，所以藍與白之間為冷色感的中心。喜歡溫暖感的人在一切顏色中調以黃紅色即可達到目的，同理，喜歡冷清感的人，要調入白藍色，對於喜歡調色遊戲的人，色彩世界是廣大的，千變萬化，有無限多的顏色。想想看冷色調的紅色是什麼顏色？所謂「冷豔」怎樣用色彩表現？

從自然色的平淡世界，到人工染色的花花世界，都可以找到美感，都可以有典雅的氣質。如何善加利用，與我們自身的美感素養是直接相關的。惡色常常是萬醜之源。

談質感

古人以玉象徵君子，因爲玉質有溫潤的手感，而古人稱讚君子有「即之也溫」的話，有近人的意思。所以眞正的君子，看上去是嚴肅的，一旦接近，就有親切之感。

自觸覺到視覺的轉移

在視覺美感中，質感是很重要的因素，與色彩並重，可是對大眾而言比較陌生，說清楚要費些口舌，因此很少類似的文章。讓我在本文嘗試給讀者一個概念。

什麼是質感？藝評家稱之為肌理，是西文Texture的翻譯。我覺得質感要比肌理容易了解。在英文字典上，譯為織地或質地，也有字典譯為結構。只看這些譯名就知道是很難理解的了。這說明其概念在中國文化中是缺乏的。

這也難怪，質感本身就是一個複雜的觀念。在視覺世界中，光線之明暗、色彩之變化、景物之靜動，都是直接訴諸眼睛之視覺功能。質感的變化也要訴之於視覺，卻不是根源於視覺。質感的來源是觸覺，是手指的神經接觸物質的表面所得到的感覺。

這種感覺是與眼睛不相干的。但是當我們使用手指觸摸的時候，眼睛也同時看到這個動作，觀察這個物質，因此產生連動的作用。為什麼這樣做呢？因為眼睛是高功能、全方位的器官，觸覺本身很難達到了解環境的目的。經由觸覺得到的情報，傳到大腦，與視覺得到的訊息相會合，才發生決策性的功能。因此觸覺是一種經驗，經由視覺向大腦註冊，就變成視覺經驗了。

粗細、軟硬、溫度是觸覺得到的直接訊息。對於一件我們從來沒見過的東西，第一個行動就是動手觸摸。這是因為大腦希望我們增加新的經驗紀錄。一旦熟悉了，我們不想摸了，因為大腦可以間接的通過視覺來做成判斷，也就是以眼代手了。這就是為什麼博物館的展品都放在玻璃櫃裡的原因。博物館展出新奇之物，觀眾最想動手，是不能怪他們的。近年來，展示理論主張盡量要觀眾動手，以增加趣味，提高學習效果，也是基於同一理由。

舉一個認識織物的例子來說。

我們到店裡看到一塊料子，首先是被色感與花紋所吸引，在幾乎同時，我們就想伸手去觸摸。如果不讓我們摸，交易是不可能完成的，手感必須配合我們的期待才成。而料子的手感與材料的本質有關。我們看綢緞，自然希望它細軟，看毛料，則期

待它細而挺，有彈性，這都是好料子的特點，但要看冬日外套的料子，手感的條件可能不同了，可以軟，但不能太細，才能適應氣候。

「質感」這個字就是自伸手摸料子來的。英文中 textile 是織物，就是使用纖維編織出來的料子，所以 texture 才意味著織地。這裡面除了材料有別外，也有編織方式的分別。怎麼去分辨編織方式呢，就使用「結構」這個詞，意思是手感與纖維間連結在一起的組織是有關的。所以 texture 有內部結構的意思，所以當我們提到某物的「質地」如何的時候，實在牽帶著很多觀念，經由我們的感覺體察出來。綜合這例子所顯示的意義，我畫一個表在下面：

材料——纖維——結構……質地

軟硬——粗細——涼暖……感覺

所謂自觸覺轉移到視覺是什麼意思呢？就是自手感得到的經驗，與眼睛所見之外表連在一起，因此自眼睛所看到的面質，不必動手就自然產生觸覺的反應。

重質感而喪失對質感世界的認識

中國文化是重質感的文化，這是因為我們有意躲避視覺美感，以免墮落的緣故。古人有「非禮毋視，非禮毋聽」之說，就是要避免為美之豔麗所惑。一般說來，觸覺的美感是清淡的，不會造成情緒上的激動而影響行為。

質感之美的例子是中國的玉文化。古人以玉象徵君子，因為玉質有溫潤的手感，而古人稱讚君子有「即之也溫」的話，有近人的意思。所以真正的君子，看上去是嚴肅的，一旦接近，就有親切之感。玉因此成為幾千年來為中國人喜愛的材料，玉的工藝及器物具有高度的象徵意義。

玉：溫潤之感（鄧惠恩／攝）

這種質感轉為視覺後，是一種半透明、半反光，表面光滑、細緻的材料。溫，是熱傳導慢的手感。看在眼裡是質地細密，色澤為暖色，與玻璃、水晶、瑪瑙等是不相同的，甚至與後世所喜愛之翡翠也大不相同。很有趣的是，中國軟玉即使是打磨得非常光亮，也很溫潤近人，而硬玉等磨出的光澤，古物商人稱之為賊光，這是高段的質感。

溫潤二字是很抽象的，但成為視覺價值判斷的字眼，必須略加闡釋。潤是滋潤的意思，是在乾枯的田地裡加水氣，使生氣恢復，所以潤有生命的感覺，不像水晶等只是晶瑩的飾物，不但有生命，而且有善心與同情的觀念。在手感上，因玉的表面組織堅韌而有孔，所以在觸摸時可以吸收手上的溫度與溼度，故在把玩時，「養」成為手的延伸，而無異物的感覺。

中國的玉文化與織物文化是相通的。自古以來，國人就喜歡綢緞，因為其表面光滑溫潤，不計較其紋理。我們對麻衣的粗面視為粗劣，是窮人的衣料，直到後世自國外傳來棉花，才有次於綢緞，但可細紡精織為士人可以接受的材料。這與西方的毛織文化是完全不同的。

毛織文化是重視覺的文化。毛料這種材料也有軟硬、粗細、暖涼之分，但當其始是粗重的，因此在價值判斷上，編織的紋理的視覺效果遠勝過手感。所以西人到今天都以織物Fabric這個字來稱呼料子，可知好的料子，其重點在織的方式上，也就是重在結構，而織物的結構美，在於因編織設計之不同而呈現的花紋。

中國文化的末流是因重手感的滑潤

玉器之溫潤

而流於視感的光潔，失掉了視感辨別的能力，反而因重質感而喪失了對質感世界的認識。由於太重視光滑而過度的使用漆，在一切器物，尤其是木器上用漆，其結果是豐富的木質世界就被劃一為光滑的漆面。中國建築原是木造的結構，可是因為漆的廣泛利用而失掉了木材的素樸美。木材因其類別有不同的紋理與質地，變化多端，饒有趣味，都被排斥在中國文化之外。在傳統中國的價值判斷中，凡不光滑的就不是好東西，因此屋頂上的瓦也要上釉才好，磚瓦的陶質之美也只有在民間建築上尋找了。

中國的手感文化最成功的一環是瓷器。由於我們自古以來的光滑至上的價值觀，從周代就嘗試把陶器表面上釉。進步到南北朝就有了近瓷的陶器，但直到宋代才真正成熟。瓷器有光滑的表面，比較厚實的胎體近乎玉，一方面它有光潔的表面，同時也有溫潤的手感。宋汝、官窯的青瓷，事實上是青玉的化身。

陶：粗陶的質樸的美感（鄧惠恩／攝）

瓷器自元代青花出現，帶進西方影響後，漸漸變成視覺文化的一部分，講究彩色、繪藝。所以當清代初年，瓷器出口到歐亞各國王廷的時候，已經完全視覺化了。

可是真正抓住西方上層於社會趣味的，還是瓷技術所創造出的光滑無疵的表面。歐洲放棄了陶器的美感，向中國瓷投降了。直到現代，才知道對質感的價值觀與社會階級有關。大體說來，以富庶的上層社會主導的品味是喜歡光滑亮麗的，因為這是大量人力物力才能達到的情況。平民社會的品味偏重於素樸與自然，因為這是在有限的資源中所能做到的。現代人追本溯源，才使質感之美回歸人性。西方文化淵源之中世紀，沒有極權帝國存在的封建社會，也許是視覺的、素樸的質感文化的來源吧！

材質的美感：金門民宅的土、石壁

地板人行道的質感

怎麼用質地來選擇材料呢？最具體的例子可能是地板。地板是最接近我們的面材，因為台灣的文化受日本占領期的影響，是脫鞋進屋的。這原是中國古習，但自唐代後就被放棄了。在北方的民間，地面是夯土，大家穿鞋進來，坐在椅、凳上，與地面沒有直接接觸。日本是最重視地面的民族，他們睡在地面，因此整座屋子都是床，地面鋪的榻榻米，就是古中國的蓆。蓆是與全身都接觸的材料，因此要考慮其織理的觸感與視感，而且要非常清潔。

台灣的閩南傳統，是穿鞋進屋，室內鋪的是紅方磚。受日本影響的中產階級，若無緣或無意住日式房子，也學著脫鞋進屋以維室內清潔。脫了鞋，腳已經接觸到面材了。在幾年前，大家只想到清潔而悅目，所以使用光滑的大理石或大瓷磚鋪地，腳底下冰涼且易滑。過了一陣子，有建商把木地板引進，當面板貼鋪，腳感較溫暖舒服。開始時用來自南洋的柚木，堅硬而色暗，學洋人欣賞木質紋理，然而不免陰鬱之感。更進一步，進口北美的樺木，色調明亮，木紋清晰美觀，為大家所愛用。

美國的中產之家，甚至辦公室中，大多在地面鋪毛毯，即使穿鞋也可感到輕軟、溫暖。是視覺與觸覺交互作用的佳例。毛毯還有吸音的作用，可保持室內安靜。地毯是上層社會住宅中質感的核心物件之一。他們地上鋪的是設計高雅、價格昂貴的波斯地毯。一般人使用的是機製地毯，只供改變室內質感之用。

在西方社會中，街上的人行步道也很重視質感，只是他們使用素樸、自然的材料，使人走在上面並無所覺。其實混凝土的地面只要施工認真，表面均勻平整，不積水，不藏汙，就有良好的質感，走在上面令人舒暢。在重視感性的小鎮，人行道常用紅磚砌成，不是用薄磚片。由於砌工認真，磚面平整，予人以親切舒服的感覺。歐洲的老城在十九世紀水泥與瀝青未發明前，馬路面是用石釘砌成的。石釘是我發明的名稱，因為每個石塊不過十公分見方，但長約一尺，下面其尖如釘，打在土裡夯實，可以經久不壞。石為粗面，又拼成弧狀波紋，使得有些古老的馬路質感令人懷念不已。其實瀝青面做得好，也有很好的質感。

與西方城市相較，台灣的人行步道就不堪入目了。我住在台北市的仁愛路，稱得上是台灣的首善之區，竟沒有一段可以賞心悅目的人行道。基本的問題是我們的文化背景不相信人行道應該有踏實而素樸的地面，而向光潔美觀的表面性去想。市政府的設計師總向圖案設計動腦筋，要有色彩的變化，否則怕市民不滿意，因此地面上只能鋪些薄片。可是面磚的特色就是容易脫落，何況我們向來缺少認真施工的人。即使你

歐洲中世紀古城杜賓根之石釘路面（Vera／提供）

喜歡這些圖案，沒有多久，在機車也加入使用的情形下，面磚就開始破碎或脫落。市府為了補救，修補的次數加多，人行道遂成為最紊亂的道路的一部分了。人行道簡直成為各種面磚的陳列場地一樣，尤其是在騎樓的下面，每棟建築自行負責地面砌鋪，簡直亂成百衲衣一樣的難以使人相信。

質感是一種語言

質感視覺化以後，在造型的組織成效上是舉足輕重的。因為質感反映了材質，會與結構的理性發生關聯。很多年前我初到佛羅倫斯參觀文藝復興的重要史蹟，發現那些三層的宮殿外觀大多由每層不同的質感組成。它們的結構邏輯是地面層的石塊質感最粗，似強而有力的承擔上部重量，越向上石面越細，是理所當然的。後來我才知道，這些宮殿實際上不是大石塊砌成的。這些外觀的質感變化只是在磚石牆的外面用灰泥粉成的外粧。我免不了失望，但是也因此認識了質感在視覺美感上代表的意義：它是一種語言，是可以欺騙我們的感覺的。

構成之美

主從關係是構成美感很重要的手法之一，其目的是避免我們的視覺失掉焦點，使我們不會感到惶惑不安。

關係排得好，就是美的組合

在感官世界中，很少有單一元素的物件。在一物件中只要有兩個物件，就有如何組織的問題出現。只要物件涉及於組織，就有組織適當與否的問題，而且是美感中最基本的問題。

舉例說，在我們的眼前有一個單純的瓷盤子，我們會對它做成美感的判斷。當盤子上多了一只蘋果時，我們立刻放棄對盤子本身所下的判斷，轉而對果盤做統合的判斷。因此一只蘋果放在盤子上的位置、蘋果的大小，與色彩的濃淡，都會影響我們的美感判斷。為了招待貴客，我們會在桌子上擺一個好看的果盤，一只蘋果不好看，都多放幾種水果。一位有品味的家庭主婦，就用幾種水果安排出美的組合。果盤的水果不是吃的，是好看的。要吃，另外會送上，是削了皮、切成塊的水果。

果盤向來是西方上流社會的富貴裝飾，所以有些藝術家就把它當成繪畫的題材。十九世紀古典主義的繪畫中時常看到美麗的果盤。我有一位畫家朋友顧重光，多年不見，可是常見到他的畫，他一直畫的都是水果，至今依然。我的老師郭柏川先生也喜畫果盤，他常說青菜水果最有用，可以畫，畫完後可以吃。而果盤畫的訣竅在哪裡？就在怎麼安排這些水果與盤子的關係。關係安排得好，就是美的組合，可以入畫，所以繪畫的題材到處都是，全看你如何安排這些東西到畫面上，這套組織的辦法就是「構成」，用在畫面上，通常稱為構圖。這是生活美感的重要因素。

主從關係的美感手法

構成之美自對稱開始。人類的眼睛有兩隻，水平排列，所以要想看上去舒服，最自然的安排是對稱。在傳統生活中，物件多半成雙，對稱是當然的。在中國建築中有一個中軸線，中間是正廳，左右對稱安排的是護龍，也就是兩廂。記得郭柏川先生帶我們去台南孔廟寫生，總是在大殿前面的院落，在中軸線上畫，就是尊重對稱美感的意思。他最著名的一幅畫是自煤山畫對稱的北京故宮。

對稱之美是世界各民族所共同尊重的。西洋人的宮殿自古希臘以來也是對稱的。除了極少的例外，歷代都是如此，如中古的教堂、文藝復興的豪宅，直到近代的平民住宅與公共建築，幾乎千篇一律的對稱。到了現代，開始厭倦了對稱的單調，想求些變化與新奇之美。要怎麼變呢？如果我們不求對稱，就要尋找一個新的構成原則。

這個原則就是平衡。對稱是絕對平衡。拋開大自然造物必然的對稱，才發現我們所要的並不一定是對稱，只要平衡就可以了。所以平衡是人文價值。在我們眼前的東西，只要呈現平衡感，就合乎美感原則。再以前文所舉果盤為例，如果一個盤子的中間放一只水果，是單調的對稱；如果放了兩只幾乎相同的水果，是簡單的對稱；如果放了三只水果，一只較大在中間，兩只相同的在左右，同樣是對稱，可稱為對稱的組合。如果放了兩只水果，一個是梨子，一個是蘋果，問題就複雜了。

你要怎麼安排這兩只水果呢？若一起放在中央，梨子色淡黃較細高，蘋果色紅較偏圓，就產生不協調的感覺。不協調就不可能有美感。這可能是永遠無法解決的問題。

如果你很幸運的拿到的是同樣大小，同樣形狀的梨與蘋果，只要放在一起就會產生有變化的美感。否則你只好期望一只大蘋果、一只小梨子。它們不太可能有協調的關係，你只好設法使較大的一只做主角，較小的一只做配角，使主從分明來解決問題。主從關係是構成美感很重要的手法之一，其目的是避免我們的視覺失掉焦點，使我們不會感到惶惑不安。紊亂是美感的敵人，組織的目的是使多數元素形成一個體系，建立視覺秩序。

可是要使圓中帶方形的蘋果與近似葫蘆形的梨子產生主從關係也很不容易。研究的結果，很可能必須把梨子臥倒，以減少兩者形式的差異，強調兩者的共同點，然後才有母親帶領孩子一樣的主從關係出現。畫家們最喜歡畫的果盤是盤子中堆滿了各式水果，盤子外散落著少數水果，這樣的主從關係如安排得宜，會產生富於變化的平衡感。

「秤」式組合與畫面均衡

在元素很多的畫面上，主從關係可能還無法構成平衡的組織，這時候，基本的「秤」式組合就用得上了。秤有一秤桿，平衡的中心點（又稱支點）偏在一邊，其短邊懸秤砣，被秤量重量的物件通常在長邊的端點，利用槓桿原理得到平衡。這樣的組合重點在支點的位置。表面上看是一邊重，一邊輕，但看在我們眼裡卻因為重量乘距

范寬〈谿山行旅〉（國立故宮博物院藏品）

離造成的結果而得到平衡的感覺。

用繪畫作例子最容易說明均衡的構成。中國古畫以宋代范寬的〈谿山行旅〉最為有名，這幅畫的構圖就是中央對稱式平衡。一塊大石壁穩穩的占有畫面中央大面積的位置，有磅礴之氣。山下的人物與配景是無足輕重的配角，主從分明。自唐末到北宋時代的畫大多採取這種樸實敦厚的構圖。有名的郭熙〈早春圖〉，雖然石頭的分量很輕，還是以中軸構成為原則的。這是時代精神，也是地域風格，後來冒名的作品大多不符合這種精神。

到南宋之後，畫家開始放棄中央平衡，改採偏在一邊的動態平衡。用在山水畫上，有人附會，認係象徵偏安之局，其實是與南方山川靈秀之氣有關，故盛行留白。這種把主題放在一邊的構圖通常會在留白的一面最遠處，畫上一隻船，或一座山峰，來平衡畫面。這種畫法是後代頗流行的。南宋的馬遠、夏珪是始創者。

室內牆面構成

在日常生活中，我們無時無刻不與構成的課題相遇，在客廳的牆壁上掛一幅畫，就是構成的開始。牆壁的大小與顏色，畫的長寬、大小，都是一些要考慮的因素。在我的書房裡，書桌對面的牆壁是白色，近方形，它的左側是一個嵌在牆內，到天花板高度的窄書架，而我要掛的是秦孝儀先生為我寫的一副對聯。這要怎麼掛呢？

對聯原應掛在門的兩邊，可是我家沒有適當的位置。要掛在牆面上，須要有一張中堂。所謂「中堂」是放在正中間的一幅大畫或書法。我有不少可以做中堂的收藏，但書房的牆壁做對稱的布置是不適當的。我考慮了一下，決定把對聯成對放在一起，當成一幅字。因為中國書法對聯是長條形的，我就把它視為牆面組合構成的主軸線。由於牆面是由深色的書架與白壁組成，主軸線應放在靠近書架一邊，以求平衡。我照這樣的安排掛起來，右邊就留了大片的白色。就靠右側放了一只古董高几，上面擺了一件唐土器武士俑，使構圖更平衡些。

其實我這面牆上是不適合掛書法對聯的。最好是中國書法的橫批，能有通寬的長度最為適宜，加畫框後可以與書架構成橫直相稱的組合。如果是一幅油畫也好些，掛在近乎中央的位置，亦可與書架相配。可惜我沒有西畫的收藏。後來我用自己的書法來取代對聯，採方形，在書法的造詣上我遠不如孝公，但對牆面構圖卻適當得多了。

以室內構成來說，當然以簡單為妙。東西越少，類別越少，室內越容易美化。所以大建築師萊特先生從來不在建築中掛畫，他認為繪畫會破壞建築空間。他在室內使用自然的建築材料如磚、石、木等已經形成完美的組合，所以牆上沒有繪畫的位置。現代建築師大多喜用白牆壁，則有掛畫的預期，但仍然以一個房間一幅畫為原則。在一個大白壁上放一幅，只要便於觀賞就可以了。

可是美國的中產家庭也有東西過多的問題。他們的畫不多，但喜歡都掛出來。他們以家庭為生活重心，集了很多父母的畫像、放大的照片，大多希望掛出來。他們的住宅比我們的大些，但都掛出來也是不免堆砌的感覺。因此有些人家，走廊上與畫廊一樣，甚至比畫廊還複雜。要使家裡保持高尚品味是很困難的。但是在一面牆上掛滿自己的照片而不顯紊亂卻是必要的。

構圖的學問最深的還是繪畫。在一幅畫裡有很多元素，怎麼組織這些元素以產生美感與動態，常常潛在藝術家胸中。一個有能力的欣賞者也會以自己的觀念找出其構成的原則。現代畫評家每用構圖分析來幫我們了解畫作的意義，特別是現代畫常常沒有形象，或雖有形象卻超乎一般常識之外。沒有分析構圖的能力是不易理解的。

這是說，越是現代的作品越需要通過繪畫背後的組合架構來了解其意義。構圖就是抽象的內涵。不只是美，連畫要呈現的感情也要用構圖來表現。梵谷是第一代的現代畫家，有形象，但他在構成上誇張透視線，造成遙遠的感覺，使人在情緒上生疏離之感。畢卡索的作品中，組織架構的重要性占的比例更多。在早期的作品中，〈亞維農的姑娘〉使用垂直線構成，使姑娘們像一根根的柱子，呈現冷漠感。後期作品喜歡動感，有名的〈格爾尼卡〉其中多使用斜線，代表悲傷與憤怒，中央部分是金字塔式構成。

後現代感性掛帥

在我們眼見的世界裡，建築的造型仍然是構成美感呈現最多的例子。現代建築時代，造型的構成與結構的構成相吻合是一個通則，所以美感與理性是完全一致的。這種情形雖甚理想，但很容易使大眾注意到其理性的一面，而忽略其感性的一面，所以大眾很少欣賞建築的美，或為建築的美所感動。這是文明社會中很可惜的精神損失。

畢卡索〈格爾尼卡〉的動感呈現（Guernica; TDI IMAGES／提供）

窗外所見之圖例

後現代來臨，主要是反對在造型上堅持理性的精神，要求感性掛帥。感性是多元而無邊際的，所以我們對當代建築的感覺是迷惑的。在當代許多派別中，沒有完全脫離理性的，那就是動態構成派。

在我窗子的對面新建了一棟大廈，使用流行的面磚外觀。每層呈現出三個窗子，一是落地窗，二是橫寬的大窗，三是一窄條長窗。從經驗上判斷，第一是客廳或餐廳，第二是臥室，第三是洗手間。到此是理性的。為什麼臥室的部分與梁面平，其他兩窗要退後呢？這是要用層次來達到構成的變化，消除三種窗子完全不同型的混亂。這樣還不夠，落地窗外有柱深的空間可以放盆栽，就在樓版外安裝了一支流行的H形鋼梁，焊接輕快的鋼欄杆，形成陽台的意味。為了強化三個窗子所形成的牆面的統一感，設計者把陽台的欄杆與鋼梁伸展到全面，因此成為沒有陽台的欄杆。這是非常不近情理的裝飾性的做法，目的只是為了構成。在今天強調感性的社會裡，這是可以理解的。

住宅大廈由居住單位組成。其外觀本來就是客廳、臥室、浴廁的組合。客廳需要大玻璃窗，及可以出去透透氣的陽台，臥室則窗簾高掛，也是理之當然。按照這種理性的需要可以設計出優美的構成，犧牲這種便利也可以有優美的構成。在我家的對面另有一棟大廈，喜歡古典的簡單構成，在一個牆面上排列整齊的窗子，使你看不出哪裡是客廳，哪裡是臥房。可是這一些都需要有對構成之美、有素養的社會大眾才有意義。

我們的大眾會為此佇足嗎？

輯二

〈器物篇〉

梅瓶與玉壺春

玉壺春是一種酒器，它的產生與造型都與方便持握有關。早期的作品頸子較長，就是這個原因。由於持瓶時手掌必須緊握瓶頸與肩部，所以凸出的線條有傷害手掌的可能。所以質感是一種理性引申的美感。

在中國的陶瓷史上，到宋代陶瓷技術成熟之後，出現了兩種器物，在造型上非常突出而具有時代性者，其一為梅瓶，二為玉壺春。梅瓶的形狀在宋、金、元代有各種變化，到明代定型，一直到清初還可以見到。早期是酒壺，到後期飲酒的習慣改變，因其形狀悅目，後代則用為擺設，「梅」瓶之名不知起自何時，顧名思義應該是作為花器之後才有的。這表示已經以形狀之美為人稱道了。玉壺春的名字很美，但也是酒器，而且自宋代開始直到民國，一直都是酒器，只是在早年它是一種比較大型的酒器，後來則形制縮小，縮小到只有十公分不到的情形。我記得在我幼年在老家，這種形狀的酒壺還流傳著，最小的有所謂四兩壺。可是因為它形狀也很悅目，在明清之際就被用做擺設之用了，是否曾用為花器不知，但也不能排除其可能性。

說到這裡，還沒有提到它們究竟是什麼形狀。這對了解中國古器物的人是不必細說的，一般讀者可能頗為陌生，所以我應在此先加以描述，並配圖說明。

小口瓶瓷器，器身的S曲線輪廓

梅瓶與玉壺春在瓷器中都是小口瓶，口小底大。它們的共同特色是器身的輪廓線為S曲線。這一點看上去似無了不起之處，但在宋代之前，這是沒有的。

小口器都稱瓶或壺，在隋唐之前，壺都是盤口，口比較大，下面是大肚子。盤口大約是為了裝水進去較方便。在南北朝，有一種雞口壺，也是盤口，但口已很小。這說明古人做水器，原是開口，慢慢把口縮小，是因為考慮裝水之利便。到了宋代才完全成熟。早年的小口壺，是一個圓腹上加一個盤口細頸，頸與腹慢慢融為一體，上為盤口。到了宋代，盤口變為侈口，就逐漸把盤口、細頸、圓腹融成一個S形輪廓。這就是後世的玉壺春的來源，成為有些鑑賞家認為中國瓷器中最美的形式。

元釉裡紅玉壺春瓶
（鴻禧美術館／提供）

金黑釉刻花牡丹紋玉壺春瓶
（鴻禧美術館／提供）

金白釉玉壺春瓶
（鴻禧美術館／提供）

具古典美的金代白瓷

玉壺春形式的成熟在金代，也就是南宋的北方，以白瓷呈現。北宋時的作品頸子偏高，輪廓線尚未達到流暢的境界。為了比較方便，我借用鴻禧美術館的幾件收藏品作為例子為讀者說明。第一組照片為一、金白釉玉壺春瓶，二、金黑釉刻花牡丹紋玉壺春瓶，三、元釉裡紅玉壺春瓶。讀者們比較這三只瓶子，覺得哪一個比較順眼呢？

要養成先看形狀的習慣。第二、第三兩件器物，表面都有花紋，但花紋對美感有時加分，有時減分，可在形式有了判斷後再討論。有些收藏家

形狀與裝飾配合良好的玉壺春瓶（鴻禧美術館／提供）

只重視花紋是不正確的。

我的觀點是，第一只最好，其次是第三只。為什麼呢？因為這兩只的S形輪廓線比較流暢。要認識輪廓之美必須自幾何的組成看。玉壺春的形狀是由三個圓形組成的，一個是形成腹部的圓，在下面，兩個圓則在壺身上部兩側（見圖一），兩個圓的四分之一形成玉壺春的頸部。圖一是用金代的白瓷瓶做例子，可以看出成熟期的S曲線，上面的圓與下面的圓中間有一段距離，所以頸子高高的挺在肩上。三個圓心呈等邊三角形排列著。

如果用同樣的方法看第二只，它的剔花也許比較吸引人的眼光，但腹部無法成圓，頸子太長，肩部下滑太急，比較起來，在輪廓上不如第一只悅目。用同法看第三只，頸子與腹部比較又太粗了些，雖然曲線流暢優美，整體看來顯得不夠穩重、大方。

至於瓶上的花紋所形成的影響為何呢？我的看法是第二只的花紋是負面的。這是自黑釉上刻出的牡丹花紋，如只看花樣，圖案的設計很嚴整而生動，黑白相襯

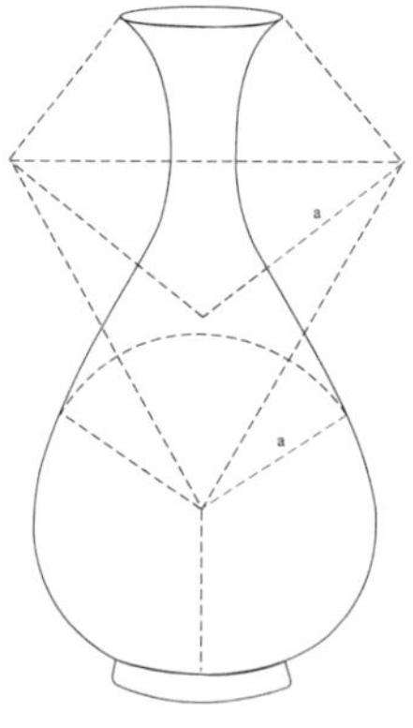

圖一：古典美感的金代玉壺春幾何分析。腹部圓弧半徑與頸線半徑相當。

的趣味也不錯，但這圖案的「開光」沒有對稱，就破壞了腹部外輪廓線對稱的外觀的完整性，實在可惜。所以這裝飾也許可以討一些觀眾的歡心，在美感上卻是負面的。至於第三只，釉裡紅圖案雖對器型之美沒有太大影響，但因燒製技術不成熟，紅色有暈染的現象，也對美感產生干擾作用。但是比較起來，第二只的裝飾特別搶眼，其破壞性較大，所以在美感上，第二只不如第三只。何況第二只的刻花所形成的質感也不合玉壺春的性格。

在這裡我要說明為什麼質感在此如此重要。這是因為玉壺春是一種酒器，它的產生與造型都與方便持握有關。早期的作品頸子較長，就是這個原因。由於持瓶時手掌必須緊握瓶頸與肩部，所以凸出的線條有傷害手掌的可能。所以質感是一種理性引申的美感。

近代的玉壺春式酒器縮小後，手持的部位不再以頸子為主，而直接握其腹部，所以頸子逐漸縮短，瓶身在比例上顯得粗壯。自幾何的構成上看，肩部消失了（如圖二），整體輪廓顯得更為流暢，只是形成

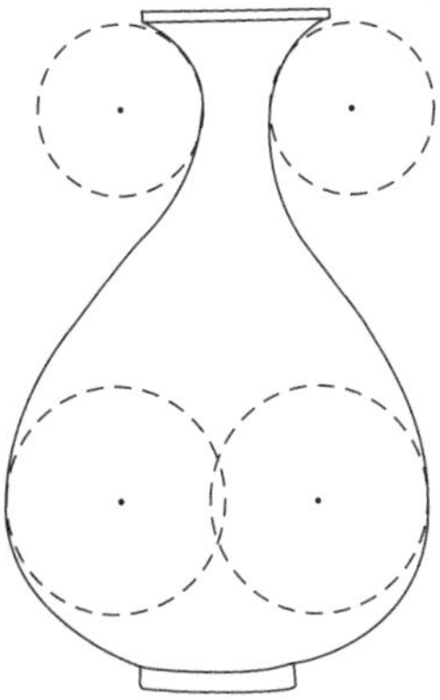

圖二：玉壺春瓶後期，頸子弧線的半徑減小，已不能用手掌把握。

頸子的兩個圓半徑慢慢縮小，形成腹部的那個圓分解為兩個圓。可以看得出來，早年的玉壺春是用手掌握瓶頸，近代的玉壺春則是以手指持瓶頸了。

從幾何構成分析兩者

到此，我再增加一個例子以幾何構成來分析玉壺春的美感，提供真正有興趣的朋友們參考。前面我們所提的金代白瓷的例子，它的古典美質我們已經說過了，在此要補充的是腹部圓形的半徑大體上與兩翼頸側的圓弧半徑是相當的。三個圓心的等邊三角形與相同的半徑，使此瓶的造型呈現古典的和諧美感。我要增加的例子是歷史博物館新近進藏的一只宋磁州窯玉壺春（圖三），其外形也是很好看的，腹部也呈圓形，其圓心與頸部兩側的圓弧之圓心亦呈正三角關係，可是上面的圓之半徑大過腹部圓之半徑，因此頸子顯得偏高偏大，有過分誇張上部的感覺。

玉壺春談到這裡，梅瓶又如何呢？

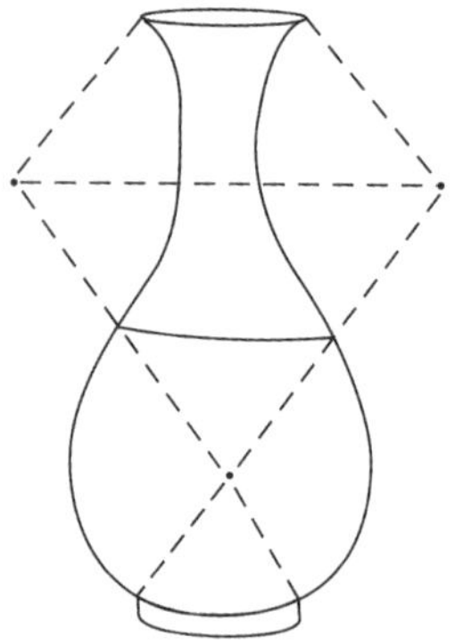

圖三：此玉壺春的腹部圓心與頸部兩圓心，亦呈倒三角形，但頸部圓弧半徑大於腹部，上部誇張。

元・影青刻花瑞獸紋玉壺春瓶
（鴻禧美術館／提供）

梅瓶這種酒器雖也是成型於宋代，但類似的器物也早在隋朝時就出現了，與玉壺春同樣是來自所謂盤口瓶。兩者的分別是玉壺春的腹部在下面，梅瓶的腹部在上面可視為胸，下面則漸收縮為平底可視為腰。所以發展到後來，就失掉了頸子，小口直接開在腹部的上面。因此梅瓶的S輪廓線是突出的腹部與下部的收縮線所形成的。

很有趣的是，玉壺春的S曲線與梅瓶的S曲線恰恰是互相顛倒的。作為酒器，很難想像梅瓶如何捧持。以常識判斷，應該是雙手捧著才是，單手拿是不可能的。在古代的北方，虬髯大漢抱酒狂飲時，是用臂圈持，其酒瓶應該是梅瓶。可是有些文雅的收藏家卻認為北宋細腰廣肩的梅瓶有婀娜女郎之美。誠然，北宋早期的梅瓶胸下收斂極細，有不穩定之感，這樣去發揮想像力未嘗不可。

圖四是一個元代釉裡紅玉壺春的輪廓。它的曲線是多點圓心所形成，很像後世的拋物線，並沒有古典的美感，但線條流暢，應該是日用的造型，流傳為民間的器物。這圖的左邊有一條曲線，是該瓶右邊輪廓的影線，讀者如果假想這條線與該瓶左邊輪廓線合為一器，就是宋元時期的梅瓶的輪廓。如果我們接受玉壺春為中國瓷器中最美的器型，那就不能不承認梅瓶同樣是美麗的器型。至於它是女性或是男性美就看觀眾的個人評斷。

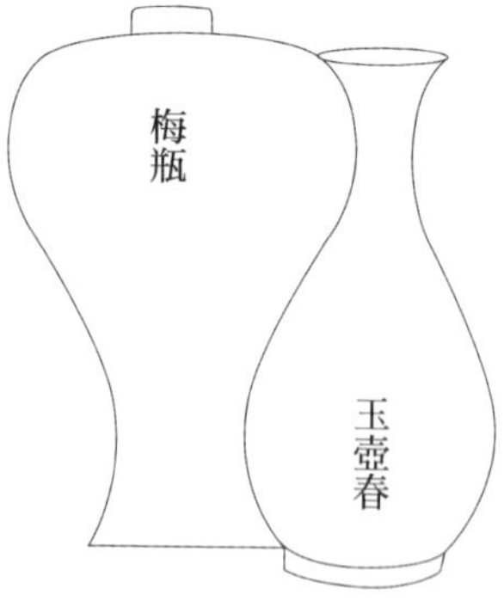

圖四：元代玉壺春的曲線輪廓為拋物線，如將右邊輪廓重複於左，即可形成梅瓶的輪廓。

有一點是不容否認的，梅瓶，由於肩部寬大，造型要大方些，所以在後期的發展中，受到官方的喜愛，因此後期的各階段，包括青花、五彩、鬥彩、琺瑯彩、各種單彩，都有很好的作品。因為梅瓶是很理想的裝飾造型，很快就脫離了酒器的身分，跳到案頭當受寵愛的裝飾器物了。反過來說，玉壺春美則美矣，卻不登大雅之堂，只能以縮小的身型，逗留在小酒肆裡。

這是一種幸運吧，可是由於這種轉變，造型上也出現變化。梅瓶到南宋與金代已

元・青花牡丹紋梅瓶（鴻禧美術館／提供）

經漸趨成熟。早期梅瓶之一類為近桶形，輪廓為C字，另一類則為寬胸細下身的S形輪廓。到了此時，兩者有融合的趨勢，逐漸形成完美的梅瓶造型。

中國的梅瓶到明永樂、宣德時期達到一個新的階段，它的裝飾性很高，實用性減低，造型與飾紋都很考究，與宋元瓷器比較起來，明代梅瓶的足部要穩重些，上部曲線不再是簡單的圓形，而是多圓心弧線連接而成，開啟了後世梅瓶造型的特色。

清乾隆・霽藍梅瓶
（鴻禧美術館／提供）

清雍正・花果飾梅瓶
（私人收藏）

清雍正瓷的完美造型

瓷器最考究的時代是清代的雍正時期，梅瓶的造型到此也進入精美的階段。這裡看到的是一只白底青、紅二色花果飾的梅瓶，與明代宣德器比起來，更重視輪廓線的流暢，與器面質的完美無瑕，其精緻度達最高的水準。

單色釉的器型美特別重要，清代的單色釉梅瓶因製作的年代與匠師，在比例上與輪廓上，美感的素質差異很大。一般說來，以雍正、乾隆時的作品之素質較高。鴻禧美術館藏有一霽青釉梅瓶，具有清代特色：寬肩，自口到足，曲線流暢可愛，釉質光潔細緻，比例約一比一・五，線條之美呈現無遺。

乾隆時期，彩瓷進入繁飾階段，對美感反而忽略了，因此使中國後期的審美能力普遍低落，淪為庸俗而不自知。最後一個例子是私人收藏家所藏的乾隆琺瑯彩梅瓶，日人稱為「夾彩唐草文」。這件東西肩平寬，足為肩寬之一半，但裝飾花紋非常細膩，足以吸引觀眾的目光，所以華麗、豔俗為美，逐漸形成傳統。這種高價的古物已成為市場上被追逐的東西，對於好美的人是沒有必要的。

南宋的影青梅瓶，上有印花，是梅瓶形式的開拓者，鴻禧美術館有一件C漸發展為S的藏品，在輪廓上有穩重的感覺，亦可看出輕微的曲線轉向。

南宋影青大多有印花裝飾，由於影青的釉質渾厚，並不會損害到觸感。影青又稱青白瓷，單色、光面、略帶青色，色感是很美觀的。印花很淺，上釉後只隱約可見，所以並不影響器物的外形。但在此階

琺瑯彩梅瓶（私人收藏）

元・青花四君子梅瓶

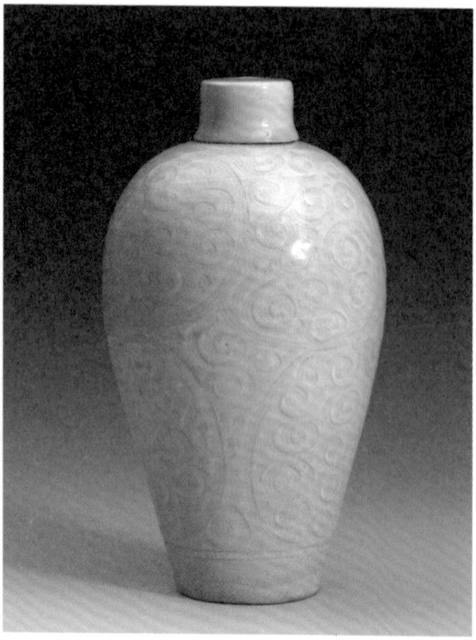

南宋・影青刻花如意紋帶蓋梅瓶
（鴻禧美術館／提供）

段，各種形式的梅瓶都有，顯然梅瓶的造型還沒有共識。

至了元代，這個問題就解決了。梅瓶就是胸寬底窄的S形酒瓶。南宋與金代發展出的美觀輪廓，在穩定感與飄逸感達成了均衡，開始長成為最美的瓷器造型。其輪廓線恰恰是與玉壺春互補的。宋元的梅瓶，其胸部是由一圓形桶形成的，肩並不明顯，體型較瘦高。宋金以白瓷為主，元代則以青花為主，而且在裝飾上發展出固定的模式。此處舉一個例子，可以看出主題為松竹梅的繪畫，肩與足各為圖案。整體看來，比例良好，裝飾與器型的配合很恰當，與後世的梅瓶比較起來要輕靈得多。

同樣的我也使用幾何構成分析兩件梅瓶供讀者參考。第一件是前文提到的南宋青白瓷梅瓶，古典的梅瓶上部是一個圓形，下部是兩個小於四分之一的圓弧。下面的兩個圓心與中央圓心呈近六十度三角形，穩定感就是這樣產生的。到明代以後，上部已分為兩個圓，以上提的雍正瓶為例，兩個圓之分離，中間的距離約略相當於瓶口的寬度，因此有潛在的秩序感。這樣的秩序到乾隆之後就消失了。

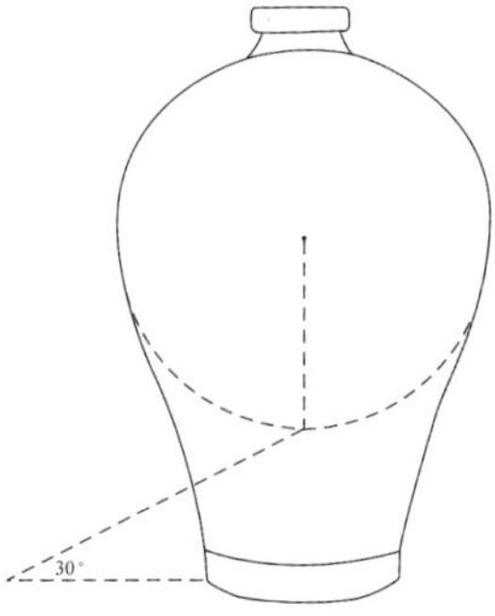

南宋青白瓷梅瓶之幾何分析。

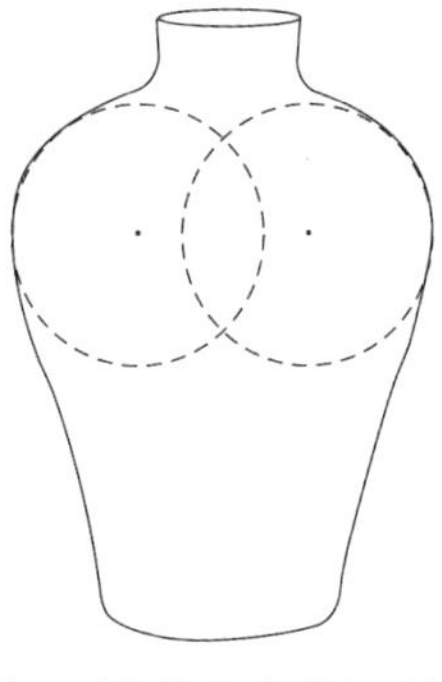

清雍正時期梅瓶之幾何分析。

〈器物篇〉

茶杯與茶壺

宜興茶壺的重要特色是上手。表面要細而潤，壺之流與把、蓋等都要與壺身結爲有機之整體，使在上手摩挲時不會感到棘、絆。所以近年來宜興出現一些現代製壺家被台商炒得高價的作品，大多以造型奇特致勝，並不合乎美感原則。

重拾飲食文化

在中國人的生活器物中，最與我們接觸頻繁的可能是茶杯與茶壺，也就是飲茶之器。由於飲茶是休閒生活的一部分，所以茶之器必須考慮美感，以強化茶的精神價值。可是在文化生活中這件美好的事情，自從成熟於唐朝以來，歷經變化到了民國，已經淪為解渴之道了，茶與器都不再考究。飲茶文化與其他文化現象一樣，均已流俗化，排除於文人雅士的精神生活之外，甚至陸羽的《茶經》還不得不自日本找回來。如果沒有考古發掘發現的古茶器，今天對當年飲茶文化就一無所知，只有學日本茶道了。

近年來，中國茶藝有復興的跡象，是從台灣開始，除了經濟與文化條件的影響外，不能不承認受到日本文化的刺激。今天逐漸普及大陸的台灣式茶藝，仍然可以看出一些日本風的影響。當然，我們的民族性是不可能把茶藝當帶有宗教嚴肅性的茶道來看的。

烹茶所需的器物甚多，都很講究，但以茶杯為最重要。這是當然的。茶杯在飲茶時為絕不可少之工具，而且是與飲茶者接觸最直接的器物。明清以來，烹茶、飲茶的步驟是先把水煮沸，此時使用的器物可能是鍋或罐，也可能是壺。水沸後，倒入置有茶葉的茶壺中，經過「泡」的過程，再倒入茶杯中飲用。所以北方把整個飲茶過程稱為泡茶，而茶壺與茶杯分別為第二與第三階段的器物。

唐宋的飲茶兩步驟到日本的建盞文化

可是唐宋時期的飲茶只有兩個步驟。在爐上煮水時，茶葉已經在水裡，所以稱為煎茶。煮好後直接倒在杯中或碗中飲用，或將茶末放在碗裡，沖水飲用，所以只有茶杯或茶碗。若不是日本人在宋代傳承了飲茶文化，把建盞帶到日本，流傳至今，奉為國寶，中國人可能分不清那是茶碗還是飯碗呢！因此宋代以前有沒有茶壺也頗有爭議的。日本茶道使用的鐵壺是第一步驟，造型雖很考究，並不是茶「藝」中的器物。

談茶盞，就自建盞的美談起吧！日本人稱天目碗，台灣也跟著叫，只是因為當年日本僧人在天目山得到的。天目碗是福建建窯燒出的黑釉茶器，它的造型與大小完全合乎雙手捧持，釉質很厚，一方面有隔熱效能，一方面使外觀有凝重溫潤之美。側面的輪廓傾向於折線，口沿垂直，便於飲用。黑地的表面呈現各種結晶，以絲絲狀的兔毫為多，最名貴是油滴。日本國寶級的天目碗多為油滴。所以建盞之美以黑釉結晶為主，形式親切為副。當時的鬥茶是把茶餅碾成粉末放在碗裡，沏以開水，據說會有白沫浮起來。

宋吉州窯玳瑁文茶碗

與建盞接近的是江西的吉州器，形狀與建州器類似，色暗而偏赭，特色是上面有玳瑁花紋，也有一些是剪花的裝飾，是以裝飾表面的燒製為美的器物。比較美的器型是侈口器，器型呈四十五度展開。

建盞與吉州盞已明確知道為茶用的碗。自

此而後就十分清楚，自此而前就不太明白，也就是在學術上分不清茶碗還是酒杯，甚至飯碗。在我看來，飯碗與酒碗是分不開的，應該比較淺些，器型較高的應該是茶碗。在這裡我介紹兩件我認係茶杯的唐宋器物。

唐人的簡潔美

第一件是唐初的白瓷杯。我認為這是唐人簡潔美的典範。也是瓷杯的原型。生活器物之美要自功能開始，合乎功能是第一要義。杯子是最接近生活的器物，所以便於使用是美的基礎。這只唐白瓷杯，外形非常優雅，有使你想捧持的感覺。你看不出它有何誘人之處，沒有任何特點，它給你的感覺只是「恰當」二字，比例上不太高、不太寬；底與開口之比也恰恰好，既穩定又輕巧。側面的線條似曲又直，柔而不弱，剛而不強，也是恰到好處。杯身為白瓷，但瓷色

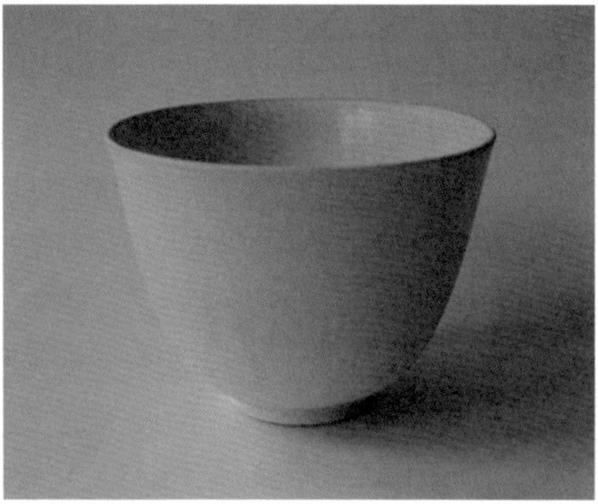

唐初白瓷杯

溫潤，白而暖，無賊光。它的美正是所謂的古典美，勻稱和諧，處處恰到好處而已。

民間流行宋代黑瓷

到了宋朝民間流行黑瓷，除了南方的建窯、吉州窯外，北方也產黑瓷杯，其中一種形如鬱金香的斂口杯，這只杯子的高、寬之比幾乎與上提的唐杯完全相同，所以也有使你想捧持的感覺。同樣的，除了斂口之外，沒有任何可以特別稱道之處，身上沒有任何花紋點綴，它只是予人以恰當的感覺。它的線條是優雅的，也是豐滿的。由於是黑色，本身就有穩重感。它的體型重心在下部三分之一，增加了穩重感，為了平衡過分凝重的形式，它的表面是光亮的。因為燒結溫度高，在黑釉的表面有細小的結晶點。在收口處之邊緣非常精細、明快。

宋鬱金香形黑瓷斂口杯

中國人在唐之前不是用杯子的民族，習於用碗。自周末戰國到六朝，見到的杯子以玉器為多，應該不是生活用器，也許是禮器吧！在考古資料中，倒是史前文化中的龍山文化，發現了一些黑陶杯，在造型上都是極美的東西，我看過一個例子，幾乎與當代流行的杯形非常相似呢！

史前文化造型上乘的黑陶杯

龍山黑陶是非常精緻的作品。在那個原始的時代，用什麼技術做出這麼細緻、薄胎而美麗的器物，實在是一個謎。

這是一只簡單的高杯，很像今天的啤酒杯，可知龍山人是喝淡酒的民族。看它的質地，是泥質，尚不是當時最高級的蛋殼黑陶，但已經細緻得驚人了。這件器物是龍山文化發掘中較常見的單耳杯，顯然是一手持杯之用，與今天的用法相同，在造型上，是上乘的作品，很像出於今天一流設計家之手。細長的比例非常悅目，高十三公分，口寬九公分，底徑七公分，勻稱雅致。輪廓呈柔美的內

龍山文化黑陶杯

彎曲線，緩緩悠然上升。平底與器身間留有一縫，尤其值得稱道。這是今天設計家所重視的細節。連小小的圓形把手的位置，在中央略上一點，也經過考究，實在不容易。

近年來，杯子也流行喇叭口式的造型，可是同樣的造型在線條的處理與把手的設計上都有高下之分，不比較是不能判別的。在這裡我放了三個例子供大家參考。

後代杯子之美最為人稱道的是明成化的雞缸盃，一個小小的杯子名聞海內外，其造型與輪廓很普通，美在柔和的鬥彩與畫風。鬥彩是指以青花為基礎，加上五彩的施彩法，所以色彩兼有和諧與凸顯的特

鬥彩雞缸盃（中華民國國立歷史博物館館藏）

宋茶葉末小壺

色，只要畫得好，容易產生文雅的感覺，因為成化盃難求，所以清三代也生產了類似的盃子，仿製的效果不錯。只是雞缸盃是酒杯還是茶杯，並沒有明確的記載，很可能只供觀賞之用吧！

明代以後的飲茶方式大約就與今天相同了。所不同的是所飲之茶是江南的綠茶，還是嶺南的熟茶。兩種茶的飲法都是置茶於壺沖泡，前一種茶用大杯、大壺，因茶較淡，飲量較大，後者因茶甚濃，故杯、壺都較小。不論那一種，在茶器上，壺不但不可或缺，而且成為主角了。

綠茶的茶具，壺與杯多為一組，在造型上互相配合。茶是居家與待客必要的飲料，因此茶具成為中產之家必備的器物，也是家用的裝飾品。直到最近，才有用玻璃杯兼代杯、壺，直接置茶葉於杯中沖泡的飲法。對於以飲茶為消遣的上一代，這是很實際又方便的辦法，只是因此茶器的美就消失了。

宋代的壺是很美的，但大都是酒壺。當時有沒有茶壺呢？尚沒有深入的研究。我曾看過一只不大不小的壺，近茶葉末的色澤，壺體、流、把手都是宋代風格，有一種樸質的美感。我推斷是茶壺。在南宋時代，茶文化可能已經漸自貴族、僧侶的生活中走出來，丟掉繁文縟節，進入普羅大眾的休閒中，以壺沖泡茶葉要方便得多了。

明清的茶壺

明代的大型茶壺，也許因為提梁之故不易保存吧！看到的例子不多。在「中國名陶展」（一九九二）中有一只明萬曆五彩提梁壺可以作為代表。它是瓜稜為體，花鳥為飾的設計。在造型上是無法與宋代酒壺相比的。清代以後，就改提梁為金屬提把，或在「流」（壺嘴）的對面做把手，造型就合理得多了。

我看到的清末到近代茶壺大多只是直筒型上有彩飾，無甚可觀，倒是民間的青花茶壺頗有野趣。為了銅把手，這種壺肩上有四

清末民窯青花四繫茶壺

繫紐，壺身為素樸的蘋果型，壺嘴很短小，附著在壺身上。遍身是濃濃的灰青釉，有溫潤的光澤，上面用濃灰青色快筆畫了山水景物，由於筆下潦草而抽象畫，只見點、線、面的構成，非常活潑生動。以美感水準言，超過景德鎮之通俗作品多矣！

明清宜興茶壺成爲民間美學的主要泉源

可是明代中葉以後，飲茶藝術最有特色的發展是小壺小杯的濃茶，也就是今天所說的老人茶。這種飲茶方式的歷史並不清楚，但明代即在江南宜興生產細泥壺，燒製精細，設計多樣，壺型且自大而小，漸漸由執壺變為掌上的玩物。到了清初，已形成一種特殊的飲茶文化。這時候，茶杯已縮小到無足輕重，直徑只有二、三公分，器之美都集中在茶壺上了。幾百年間，宜興茶壺發展出幾十種標準形式，幾乎每個樣子都很成熟、美觀，成為民間生活美學的主要泉源，尤其是閩粵一帶，特別流行。

宜興茶壺的重要特色是上手。表面要細而潤，壺之流與把、蓋等都要與壺身結為有機之整體，使在上手摩挲時不會感到棘、絆。所以近年來宜興出現一些現代製壺家被台商炒得高價的作品，大多以造型奇特致勝，並不合乎美感原則。紫砂是宜興壺的別名，說明其色感與觸感之美，實在是生活器物中最具審美價值的一類。

台灣的陶製茶壺

這種玩物式茶壺的傳統，在士人的休閒生活中很自然的取代了茶杯的地位，發展出一種對壺嘴喝茶的習慣。這是不上檯面的動作，但清末以來卻頗為流行，因此捧在手上又溫暖又解渴的小瓷壺風行起來，這種壺為白瓷，壺身有彩色裝飾，但造型上是把大壺縮小，在美感上不能與宜興壺相比。畫得好的尚有可觀之處，可是已經是茶壺藝術的末流了。

西方發展貴族風格的茶具文化

自從瓷器的技術與飲茶的習慣傳到英國之後，他們很快就發展出一套很精緻的茶杯與茶壺的文化，慢慢超過了中國。到清末，這種新文化由於洋人的東來，自通商口岸的租界中回傳到中國，今天高級的飲茶及其茶具，都不知不覺的西化了。今天世上最被稱道的茶具已不是中國製造，而是歐洲貨。由於經過歐洲貴族生活的洗禮，他們的茶具自然帶有洛可可的高級、精細的裝飾風格，瓷質極白極細，描金塗銀，雅致有餘，生命感不足。這種風格最忠實的東方承受者為日本，因為只有他們才有那種技術與財力來模仿歐洲的貴族風格。當然，今天已經平民化了。

由於製瓷技術的工業化，手工已被機器所取代，西式的高級瓷在價位上已可大眾化，成為我們生活中的選項了。因此到百貨店購買茶具，有琳瑯滿目，不知如何下手之感。這，除了尋找自己的愛好外，也是考驗我們美感素養的好機會。可以多看、多比較，藉以養成眼力。坦白說，外國的設計雖已大量化，因經外國設計師之手，作品的美感是比較可靠的。只是對於不喜歡機製品的朋友，就另當別論了。果真如此，只好到工藝家的店裡找找看了。

西式茶具

現代工藝家也喜歡做茶壺，但是藝術家要別出心裁，其作品的個人風格的重要性可能超過美感的要求。有些兼有風格與美感的作品是上上之選，並不容易遇到。真正的優秀作品，以藝術品叫價，又非一般大眾所可負擔。這一點要各人去斟酌了。

〈書法篇〉現代人看書法之道

閒暇時寫字消遣，是中國人的特權，因爲只有中國文字是藝術的化身。寫字時既可以有創造的樂趣，又可以培養美的情趣，是西洋人想像不到的。

在中國人的生活中，談到美學無法不想到書法，因為我們是詩文的民族。自古以來，受尊敬的人無不日日與文字為伍，而且或多或少都是能寫字的人。文人之間有餽贈常常也是詩文。建築環境中的匾額、對聯到處都是，而且均不可少，因此公認書法是第一藝術，其地位遠超出繪畫之上。傳統社會中，讀書人幾乎人人都能欣賞書法之美。

到今天如何呢?經過西化的衝擊，多種藝術品進到我們的生活，價值觀有很大的改變。即使在傳統書畫的範疇內，繪畫的地位早已超過了書法。這是因為用毛筆寫字漸漸為硬筆字所淘汰，年輕的一代已經不再視書法為生活的一部分，他們不練字，自然也不能辨別傳統書法的優劣。書法似乎已失去了生活藝術的地位。

情況也許沒有那麼悲觀。第一線曙光是大家都富有了，住的環境大大改善，家裡客廳的牆壁上都需要一些裝飾。有錢有藝術素養的人當然會買畫來掛，但我們幾十年來的教育既沒有培養出有教養的國民，大家對藝術欣賞的程度有限，所以除了街頭畫家陳列出來的帶有吉慶意味的牡丹花等之外，他們也看到書法。他們雖然不會寫，但可以讀其內容，因此比起看畫來要親切得多。近年來，在客廳掛書法的人家越來越多了。我在大陸旅遊時，看到觀光街道上的書畫攤，很多人爭買對聯，可見大陸的中國人也已走上這一步。現在的問題是，他們沒有辨別美感的能力，尚無法把書法視為提升生活美感的要件。

自美感的基本要素中尋找新書法美學

真的，在沒有毛筆字經驗的背景下，要怎麼讓社會大眾欣賞書法呢？他們真有希望掌握筆墨之美嗎？

要使大家重新細緻的欣賞歐、柳、顏、趙等筆下的精氣神，除非要他們執筆練幾年字。這恐怕是不可能的。何況今天已是廿一世紀了，中國的書法難道非依賴模仿古書法家的字跡才能談美嗎？在目前的觀察下，靠苦練成功的書法非被丟掉不可，我們要自美感的基本要素中尋找新書法美學之道，才能把書法找回到大眾生活中，而且達到充實生活美學的目的。這完全是可能的。

從石門頌看新書法美感

要找到新的書法美感，可以從王羲之以前的書法去找，因為那時尚沒有成熟的筆墨技巧。東漢時期留下很多石刻，其中不乏筆法看上去很幼稚，整體看來卻不失美感的作品。在清朝中葉以後，書法家厭倦了老練、油滑的筆法，都到漢魏碑刻去找靈感，可是太過完美的碑刻又不免為鑿刀所限，工整過甚，稚氣不足。在我所見的漢碑中，最有現代感的是「石門頌」與「西狹頌」，尤其是前者。讓我們分析一下「石門頌」之美，看看我們能學到什麼。

為了使讀者更清楚的了解「石門頌」，我把其中拓片的一頁用雙鉤填墨幾個字。因為長期以來，我們自碑刻拓片看到的是黑底白字，在視覺上增加了想像空間，並不是原貌。還原以後就很明白了。它當然不是毛筆寫出的原件，但與原件相近了。各位看這樣的字是不是很近似孩子用硬筆寫出來的呢？這樣的字被清代的名家認為勁挺而

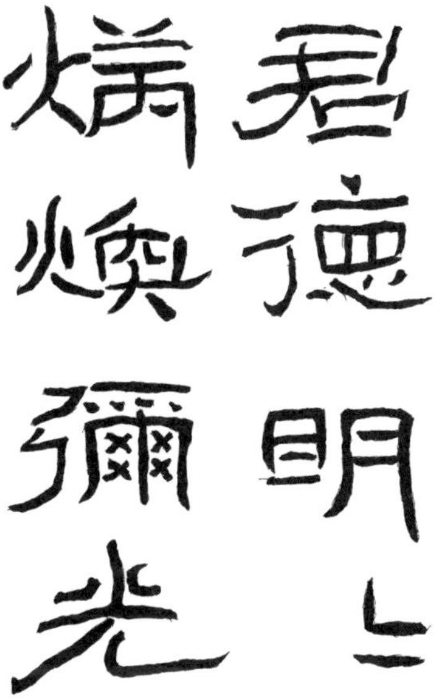

「石門頌」碑拓雙鉤文（作者摹寫）

飄逸，嚴正而寬綽，而有古趣的傑作，是什麼原故呢？

何謂勁挺？就是硬筆的感覺。與後期柔軟的毛筆比較起來是有力的。為什麼是飄逸呢？因為雖用硬筆，線條卻飄然，沒有用力壓下去的感覺，每一筆劃起首與收尾都很瀟灑。既然有飄然之風致，為什麼又嚴正呢？因為筆劃之排列是規規矩矩、橫平豎直，而且盡量做到平、直。而筆劃之間的關係勻稱，比例恰當，所以予人寬綽之感，寬綽，寬厚大度而柔美也。

從這裡看，「石門頌」字書法是很古很拙的，與後世的靈巧相去太遠了。從石刻拓本上描下來，每一筆都像出自拿不穩毛筆的孩子的手，然而卻合乎視覺和諧的原則。我承認有些優點是出之於漢代早期隸書的字型特色，可是它給我們很多啟示，使我們了解即使不能掌握毛筆字的技巧，仍然可以寫出具有美感的文字來。

書法美感的三原則

我們可以整理出幾個原則來說明書法美感。

第一是通篇的和諧重於個別文字的美。多年前我們習書法時，老師通常是逐字批改，對寫得合度的字打紅圈，對不合意的字打叉或對筆劃示範修正。今天的書法怎麼教我不清楚，相信仍然是對個別文字施教，這種教法只能使學習者學到「正確」的用筆法，而不是自畫面的美感著手。在「石門頌」中幾乎每個字單獨看都是東倒西歪，自今人看來，字不成字，可是通篇看，卻有「野鶴閑鷗」的美感。這樣神奇的效果就是以統一的筆法，重整體而輕個體而達到的。

第二是和諧的秩序由筆劃來達成。筆劃就是橫、直、點、撇、捺之類。文字是由筆劃組成，文章是由文字組成。筆劃組成文字時基於造字的邏輯，再由文字拼合成文意，都沒有想到合乎美的原則。可想而知，一段文章通篇的美是不容易達成的。這些筆劃湊在一起既是偶然，常常是不和諧的，書法家的重要任務就是要把這些在視覺上原不相干的筆劃，構成一個和諧的整體。當然了，一個重要的條件是不犧牲文字的可辨識性。

第三是為了通體和諧創造筆劃風格。把一些互相扞格不入的筆劃，形成韻律分明的和音，必須使筆劃帶有特殊的韻味。在建立此特徵前，通常先要盡量減少筆劃的種類，使各種筆劃間有共通性。比如說，「石門頌」筆劃細柔帶剛，沒有一條直線是其特色，而「西狹頌」則筆劃粗直雄壯，以方正取勝。字體都是當時的隸書，卻各有特色。

掌握了這三個原則，只要會拿筆寫字，沒有毛筆底子，用硬筆也可寫出很像樣的字，只有自己會寫一點，才能把書法生活化，才能欣賞書法。

稚拙之美

為了使讀者更明白書法美感的多樣性，我可以再舉幾個例子，其中一個有趣的例子就是東晉時代的爨寶子碑，這個碑的書法似乎全是用刀刻出來的，完全沒有毛筆的感覺。我們無法推斷其刻製的過程中曾否使用毛筆書寫，表面上看比較近似印章的陰刻，今天用毛筆模仿是很困難的。但是經過康有為的推崇，不少人喜歡它的剛正中的靈氣。我曾在廣州看到有些題字是出於其風格。

在中國書法史上如此強烈的風格是很少有的。它的美感中充滿了稚氣，天真無邪的風味，使人很難相信是出於書法家之手。每個字都有逸氣，通篇又呈現別致的美感，是自此而後，書法史上再也看不到的。稍後的北魏的碑文雖達到楷書成熟期，已經太老練、太刻板了，喜歡剛強風格的傳統書法家會走魏碑路線，但要帶點創意，一直要到狂草出現才跨出一步。

我這樣說，絕不是否定自北魏、唐代以來正統書法的價值，而是要說明未經苦練正統筆法，也可以有美感，而且可以有獨創性。其風格可以貫穿個別文字及通篇之美。舉其中的「嚮」字來說，筆劃多，寶子碑的構成很奇特，把鄉字解體，乡邊誇大，阝字邊縮小，形成一個頗富動態，又出人意外的美麗字型。其中艮、阝、向三部分，以回應通篇剛正感的基調，乡則以三撇造成動感。這簡直可與現代設計之學相通了，同一手法可在「野」字上看到，他把予邊寫成古字型「口▽」，因此以「里」與「口」來宣示平直的基調，卻把▽用柔性的曲線表達，以形成動感。這都是在北魏以後的正統書法中看不到，且會視為敗筆的。為了達到通篇的和諧，碑文中常會減筆，保持疏朗平整的感覺，很多字在今天看是錯字。其實北魏「龍門二十品」中也有近似的例子。

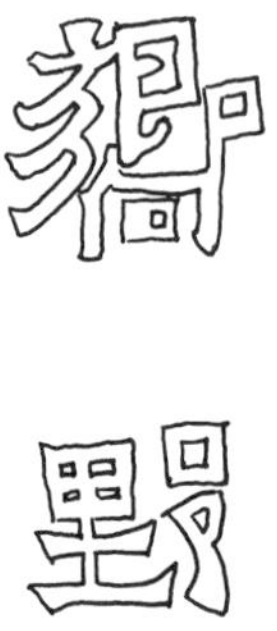

爨寶子碑的文字「嚮」與「野」（作者雙鉤）

以上所舉的碑刻是屬稚拙美的範疇，可是中

國文字比較流行的寫法是流暢的毛筆字，不是刻石。把毛筆字寫到非常流暢，當然要以線條化的草字為準。這是很自然的發展。只是草字太簡略了，自古以來就少人認得，才成為讀書人之間專用的字體。所以到後來，文人就開始玩弄流暢的線條，到唐

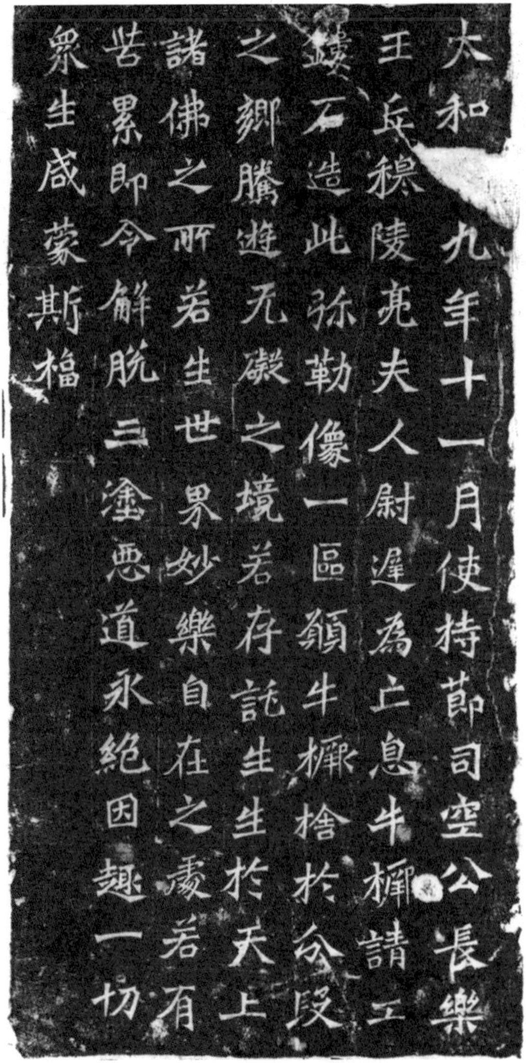

「龍門二十品」：「尉遲為牛橛造像註」碑文拓本

「龍門二十品」：「解伯達造像註」碑文拓本

朝出現狂草來了。老實說，到了這一步，寫草書就是為了美觀，認不認得反而不重要了。

筆與墨

把書法的藝術看成線條的組織，脫離詩文，是生活美化的一大步。有人不免懷疑，這樣就是書法設計化，與美術字有什麼分別？是的，美術字的用意就是設計看上去美觀的文字，是純形式的，難道也算得上書法嗎？

美術字有不同的功能，並不是書法。可是書法之美不能再向詩文內容尋求，因為時代改變了，我們已無出口成章的能力，也沒有這種心情。那麼書法不同於美術字在哪裡呢？就是筆與墨。書法是我們用手執毛筆沾墨汁寫出來的。即使是硬筆，也要經過寫的歷程，由於「寫」，必須經過我們的手，而心手相連，因此無形中傳達了書寫者個人的情性，字跡呈現的美，雖然只是形式，卻也代表了書寫者的人格與素養。美就不只是形式了。兩個人使用工具可以畫出完全相同的美術字，卻無法寫出完全相同的字跡，即使是硬筆字。

今天是電腦化的世界，寫字已經不是生活所需的能力了，但是為了充實精神生活，我們還是離不開文字，閒暇時寫字消遣，是中國人的特權，因為只有中國文字是藝術的化身。寫字時既可以有創造的樂趣，又可以培養美的情趣，是西洋人想像不到的。我們還可以通過寫字來重新探索詩文的天地，何樂而不為呢？

〈家具篇〉

椅子之美

在爲生活需要而尋找椅子的時候，時代風格是不相干的，可以按自己的喜愛選擇，但我們信守的原則是：既合用又美觀。

在家具中，與生活最密切的是椅子。與床、桌、櫥櫃等大型家具比起來，椅子只是配角，但卻是居家生活環境裡最受注目的物件。其原因有幾：一，大小適當。物件在目視範圍內很容易被目光掌握到的尺寸，比較容易受到注意。椅子在房間裡不大不小，恰恰好。二，家具大多笨重，相形之下，椅子是可以輕易搬動的，較容易被品頭論足。三，椅子的功能是否恰當很容易被使用者評估。落坐是休息時重要的動作，必須使肢體得到鬆懈。由於這些原故，我選了椅子作為家具的代表，討論其美感，供讀者們參考。

椅子的基本形式文化差異

椅子有多種。椅子有別於凳子，是多了一個靠背。椅與「倚」有關，所以椅的最基本形式是凳加靠背。中國古代六朝之前是席地而坐，沒有凳，也沒有椅，這些家具是受西域影響，生活方式改變後的產物。所以日本並沒有椅子的文化，他們唯一的家具是受中國影響的矮几，供席地使用。我們可以想像，沒有椅子的時代，大家的背都是直挺的。習慣了，也許就不覺得累。

一旦有了靠背，就改變了坐姿。無椅的時代，人人都盤腿而坐，像菩薩靜坐一樣，雙手放在前面。坐上靠背椅之後，手放在哪裡呢？正襟危坐時，雙手仍然放在前面膝上，工作時，手就自由活動了。我們讀書、辦公時就是如此。靠背只是偶爾做短暫休息時使用。所以工作椅，包括辦公椅，是最簡單的椅子。

可是在自由落坐時，兩臂也有安頓的必要，所以有了靠背椅不久，就出現了兩側的臂擱，把椅子的造型向前推進了一步。自此之後，椅子的標準形象就固定化了：比較高的後背，兩側比較低的扶手，呈ㄩ形。理論上說，有了扶手，椅子就具備休憩的功能，其多作用的價值就出現了。我們今天所看到的這種椅子都是自這個基本的造型推演出來的。椅子成為一種藝術品也始於此。

椅子與生活習慣、文化觀有關

談到這裡可以知道椅子的兩種形式與家用是有關係的。以餐椅為例，應該採用哪種呢？理論上說以基本型為宜。因為用餐時我們的雙手是靠在餐桌上，或忙於幫助進食，不會放回扶手休息。嚴格的說，吃飯時坐凳子就可以了，所以過去的餐廳都用長凳，今天的餐廳使用的餐椅常以美觀為原則設計，椅背等於一種裝飾，所以有各種變樣，可以自由與桌子或環境相調配。

可想而知，用餐的意義不只是吃飯，在家用餐有家人和樂相處的意義，出外用餐有與友人交誼的意義，請重要客人有禮儀性的意義，所以餐椅是有象徵價值的。一般說來，禮儀性的餐椅是正式的椅子，高靠背帶正式的臂擱；每位賓客占用的空間比較大；餐館用餐時之椅子，大多有扶手，但椅背較低，以輕鬆美觀為上。

椅子的形式與生活態度有關。西洋文化中的椅子與中國椅子有很大的差異，主要是因文化的基本精神不同。簡單的說，中國士大夫主張精神的修養，認為坐應有坐相，而西方的貴族則以肢體的舒適為重，並不計較落坐後的姿態，所以中國千年以來一直是木製直背的硬椅，甚至需要腳踏，而西方於「洛可可」以後，發展出軟質的沙發椅，並自坐姿向臥姿傾斜，產生椅子越低越舒服的觀念。這兩種不同的文化觀產生的椅子，自然應自不同的角度去評論或體會其美感。

唐以來風格明確，明清成爲收藏經典

中國自唐代以來的家具就有了明確的風格，向輕量與線條化發展。這與中國建築用梁、柱構成在精神上是一致的。六朝以後，中國發展出曲線美的文化，自然也影響了後來的家具。所以中國家具風格有二類，一為直腳支持系統的功能組合，一為曲線支持系統的組合。前者通用於各階層，有簡單合理之美，後者富裝飾性，發展出特有的支腳，通用於上層社會。但坐姿以「正襟危坐」為主，沒有側壓力，所以結構的承載問題並不嚴重。在古畫上表現的椅子，是很細的木條構成。

中國家具到明代才成熟，並不是在風格上的改變，而是進口木材的品質提升。中國本土木材最好的不過是櫸木、榆木，南洋才有質地細密、木紋優美的真正硬木。其中尤其以黃花梨木最受歡迎，因此明代才在高級家具上放棄黑漆，欣賞木紋之美的文化。清代大體上延續明代傳統，但改以近黑的紫檀木為最受喜愛之木材。這些進口的硬木，量重而穩，結構堅固，亦可雕細花，因此明至清初的家具才成為家具之經典，為全世界收藏家所喜愛。

禪椅的經典美感

我先介紹一張合乎中國經典精神的明代禪椅供讀者參考。禪，顧名思義，就知道是打坐之用，所以籐面很寬大，是盤坐所需，看上去比一般椅子大很多。由於打坐無需倚靠，所以靠背與扶手都是象徵性的，用不上。然而正因為如此，禪椅的經典美感才呈現出來。

它的美在於構成非常簡單，用木條組成大小不同而比例相近的矩形，呈現最古典的和諧感，因此成為收藏家追逐的對象。極簡之美常常是與精神的高超相配合，黃花梨的木紋與籐面的編織恰恰配合這種輕靈空虛的美感。在今天的物質世界中，物慾橫流，是無法產生這種椅子的。

明代黃花梨禪椅

一般有身分的人家所用的椅子有兩種，嚴肅些的用所謂官帽椅。是因為後背高，兩翼低，近似明代官帽的輪廓。

明代黃花梨圈椅

明代紫檀出頭官帽椅

其實它是我們前文所說的標準坐椅，代表國人的坐的文化。高背中央置一長板，暗示挺背。線條表現結構功能，但都略有曲意，顯示剛中帶柔的生活方式。雖不能與禪椅的古典美相較，它的美正是自剛柔並濟的細緻感覺中產生的。

江南比較流行的是圈椅。它是把後背與扶手結合為一條曲線的設計。由於這條曲線很生動，觸感良好，這種椅子頗受民間喜愛，一直到今天，仍然有人使用。為了配合這個圈，支撐系統也帶些曲線，前面增加了「壺門」，使整個造型柔軟化，沒有太師椅那麼嚴肅。可是我發現後來的神像都坐圈椅了，顯示與地位之提升到象徵價值了。

這些傳統延續到廿世紀，被民間活用。有一種女子使用的椅子，體積較小，靠背設計較輕鬆，漸因便於家用而流行起來。兩岸漸開放以後，有些古家具流出來，成為愛好者收集的目標。我為了家用，買了一些好看但價錢適當的桌椅，介紹一、二件給讀者。

我是為餐廳買椅子，所以尺寸要小，造型要簡單，而且要成套。這很困難，因為成對容易，成套難。我在古家具店找了很久，幸運的找到四對，兩對帶扶手，兩對只有後背。我選擇的是高度與靠背設計完全相同，下面有些差異就不顧及了。到清末民初，家具受外國影響，考慮到實用，有些中西合璧之風貌。我買的四對椅子，百分之百中國風，但梳齒式的上部設計，在早期家具中找不到例子。

丟開時代風格不談，我重視的是美觀。

首先，我喜歡的是細木工的美。每一根硬木打磨成的細條，微曲的收頭，整齊的排列著，予人優雅的感覺，表面深赭色的木紋，兼有人工與自然的美。較粗壯的邊框與較細巧的篦齒間有適當的對比。座面之下是明式椅子的支撐系統。椅背的邊框與後腿是連通的，因此有安全感。前面兩腿略外撇，中有壺門或如意形的橫棖，予人以穩定與流暢的美感。整體看來，是線條的組合，以圓潤的感覺統合著各部分。即使板面的收頭也做成圓條的形狀。

適當的比例是中國椅的特色

適當的比例是中國椅的特色。禪椅的構成也反映在這裡，帶扶手的椅子，因為多了兩只同屬梳狀的扶手，而增加了韻律感。比例與功能有關。這把椅子的靠背對於挺胸落坐的姿態，恰好抵住腰的上部，是最合理的休息坐姿。所以中國的椅子座面是長方形，前後較短，是便於豎直脊背的設計。中式椅子可以統稱之為老人椅。

我也買過一對圈椅，不知其時代，大約也是清末吧。但這類晚清的明式椅子見過不

禪椅

少，但很合我意的不多。若不是雕鑿太過，就是曲線過分誇張，或比例不佳。後來遇到的這一對，並非高價的黃花梨，是一般紅木，但木紋柔和可親，整體比例恰當，圈線自然，收頭亦恰如其分。它的裝飾只有背板上的一個圓形螭紋，與整體風格相配。器物之美，差別只在幾微之間，只有細心品味才分得出來。我這對圈椅在美感上並不下於非常高價的明代真品。

廿世紀的西方椅子受中式影響

西方的椅子到了廿世紀，頗受中式影響，在機能主義主導的時代，有線條化的設計。在此我舉兩個例子。

第一個是義大利人設計的餐椅，非常

奧地利設計

義大利設計

簡單、輕快、優雅，為西方中產家庭所愛用。垂直的部材與水平樘子間的安排，在結構安定與組成比例上都很恰當。靠背略後彎，與中式椅子相近。但因為木構件收頭為尖形，且無曲線，又無正面裝飾，風格明顯為西式實用型。生活美學實應自此開始。

第二個是奧地利人設計的餐椅，同樣簡單、輕快、優雅，大量生產供中產階級使用。它的特色是曲線，應該是受中國影響的洛可可式設計傳統下的產物。一切以圓形為基礎，座面為圓形籐面，後背為兩層曲線的組合，連支撐系統也用圓形與曲線，是浪漫風格的作品。這種椅子曾在台灣仿製，因此我一度用為餐椅。

造型設計與實用之間

真正西方傳統的椅子以坐下來輕鬆、舒服的風格為主流。在廿世紀，既有了軟墊的材料，又有了鋼料及塑合木材，坐下來的彈性的舒服感配合人體工學，成為椅子設計的新精神。這樣的新傳統是與新時代生活方式相配合的。這類椅子的美學是線條動態的流暢感與各式曲線的和諧感。用鋼做成管，用塑合木材做成板，兩種材料都有其特色，亦可彎曲成型。在抽象藝術盛行的時代，椅子是兼有功能與造型美的重要製品，因此使後來的設計走上表現主義，跨入純藝術的範疇，脫離了生活美學的領域。

最早的椅子藝術尚以使用為念，如高第的設計，以擬人為造型，但不影響落坐的行為。但李特威德（Gerrit Thomas Rietveld）受蒙德里安影響的作品，「紅與藍」雖仍可使用，就已經藝術多於功能的考慮了。到了五〇年代，泡沫膠及塑膠流行，一體成型的雕刻類家具開始流行。大體說來，塑膠品設計仍然合用，延續現代主義傳統，有強烈色彩的泡沫膠的作品則以造型為重，在實際使用上就較弱了。七〇年代，後現代的作品就是以展示為主要目的。

荷蘭設計師李特威德的作品，藝術多於功能考量

我們並不反對椅子的藝術傾向。當代藝術可以用任何形態呈現，但是藝術與美自從廿世紀中葉就分家了，藝術的發展不應該影響到生活中的美感。所以在為生活之需要而尋找椅子的時候，時代風格是不相干的，可以按自己的喜愛選擇，但我們信守的

原則是：既合用又美觀。

所幸到了世紀之交，當代藝術進入大眾時代，家具的藝術化雖有多方面的發展，卻仍考慮到應用。有錢可以購買藝術家具的人可以不必與藝術劃清界線。

〈建築篇〉

留意建築的美感

好的建築與平凡的主婦一樣，是情理兼顧的，富於自然的美。不特別吸引你的眼光，卻久看不厭，越看越有味。所以建築的美落實在基本感官價值之上。

在我們生活中，衣食住行相關的藝術是與我們最接近的。這些是我們物質生活之所必需，但也是精神生活立基的所在。在這四個項目中，衣、食與行的藝術的呈現都是動態的，在生活中一瞬即逝，但刺激力強，需求性亦強，是生命力的催生的泉源。只有住所的藝術是靜態的，一旦滿足了居住的條件，就對它的存在無所感了。

我們到一家高級餐館用餐，他們提供的環境氣氛，餐具的配套，餐盤上食品的設計，加上食物的美味，都使我們興奮。但酒足飯飽，走出大門，一切是過眼雲煙，都在眼前消失。我們會期待另一次機會。只有非常富有的人才會在日常生活中安排如此具有美感的餐飲。

可是居住環境就完全不同了。你在高級餐館與友人酬酢之歡樂消失之後，拖著疲乏的身體回到自己的家，只有習慣的舒適的感覺。熟悉到幾乎沒有它存在的感覺了。以人生相比類，建築如同結婚多年的太太，衣食之美如同舞女、歌女，對我們的意義是大不相同的。一個充實的人生，不能靠紙醉金迷的日子提供的短暫的歡愉，要自平凡的生活中尋求精神的滿足。愛與美都是人生的核心價值。

平凡藝術的醒悟

建築就是這樣一種平凡的藝術。它一旦站在那裡，十年八年，甚至上百年，為我們遮風蔽雨，仍然不變的駐守著。對它，如同空氣一樣，是存在的必然，必然到視而不見。只有到了某一天，政府說這建築老得可以視為古蹟加以保存，我們才覺悟它有某些價值，甚至探討它的美感。對於大多數未蒙青睞的建築，再美也受不到注意了。如同一位家庭主婦，極少人留意她的美質的。

好的建築與平凡的主婦一樣，是情理兼顧的，富於自然的美。不特別吸引你的眼光，卻久看不厭，越看越有味。所以建築的美落實在基本感官價值之上。

可是世上沒有花枝招展的建築或引人注目的建築嗎？有的，那都是建築界爭取表現機會的目標。古老的如華盛頓的國會大廈，近期的如畢爾包的美術館，都是鶴立雞群供人欣賞的建築。西方歷代著名的教堂，現代的文化建築大多屬於此類。它們與我們生活的關係是有限的，其功能大多是生活的調劑，如同我們每年去幾次美術館，看幾次表演，是生活的妝點，不是生活本身。所以我們不能把它們放大成建築的全部。平凡的建築才是生活不可缺少的一部分，它們的美才是我們應該注意的。

以「注目」觀察生活中的建築

如何以生活化的態度看建築？我在二十年前曾寫過一本《為建築看相》的書，請大家參考。這裡讓我自美的觀點介紹一個觀察的途徑。

欣賞任何生活中不可缺的東西，都要學習「注目」。就是英文所說的 Pay attention，意為「放在心上」。不放在心上，當成空氣一般，再好的東西也會視而不見。一旦放在心上，眼光就會凝注，美與醜的感覺就浮現了，我們稱之為敏感。這就是為什麼對一個敏感的人，隨處都是廣闊的天地。推到極處就是可以在一粒沙裡見世界的哲人了。

開始留心到建築的美感必然要自對「比例」與「構圖」有感覺起步。我在別處已詳細介紹過這兩個重要的視覺要素，此處不多說了。比例美的重要性以我眼前這張A4紙為例好了。這個比例放在書桌上，很適合我們的眼睛，是$\sqrt{2}$矩形。如果掛在牆壁上，就嫌短些，最好是黃金矩形。所以比例是與距離有關的。構圖則指幾個不同的元素組合在一起時的和諧關係。所以在美感上，構圖比比例更重要。我們不妨說，單一物件上看比例，多物件時看構圖。不懂得比例與構圖之美的人就看花樣了。

圖一

比如我家書房的窗對面新建了一棟高層公寓，它的後方正面就是我每天必見的東西。所幸這位建築師尚有水準，雖不會使我感到愉快，也不至於頭痛。我所看到的是一層一戶的臥室與陽台，位於兩柱之間（圖一）。單自一層看，設計者用鋼梁做出框框，用真真假假的欄杆為統一大小不一的開口的視覺因子，因此形成比例大約二比一的矩形，整體說來可以接受。如果注目於臥室的開窗，則覺開口比例不佳，但它的比例是與臥室的牆面比例相似，又與欄杆的立柱分隔比例相當，所以關係尚稱和諧。還有一個有趣的關係，是陽台退凹部分的比例與臥室的牆壁的比例是相同的，它們一直一橫，成直角關係。這種比例與構圖的和諧，可能是有意的，也可能是建築師無意，卻因自然的美感反應而設計出來的。我對它不滿意處在於鐵欄杆大半是假的。

我舉這個例子是告訴讀者，建築就在你的眼前，你能欣賞就會感到豐富，或設法改善。近十幾年來，台灣的建築水準在日常生活面上有顯著的進步，但市民的眼光沒有進步。近來的居住建築不但注意比例與構成的韻律，在質感與色彩上也考究些了。公寓大多用長條的面磚增加親切感，有些作品使用不同顏色的面磚，在質感上統一，在色彩上求協調與變化。在我客廳的對面就有這樣的例子。（圖二）

圖二

造型的變化怎麼產生的呢？是分解

室內功能，表現在外面。三十年前的建築沒有造型美的觀念，高層建築只學到現代主義的水平窗，或成條陽台欄杆（圖三），看不出室內的功能，整齊而單調，太過軍營化。其實只要在客廳、臥室、陽台的功能上略有表現，建築就很有表情了。

再拿我家對面的大廈做例子。這座大廈建好了幾年，因產權糾紛一直未出售，但在設計上頗有美感。它使用灰調，但用淺灰與深灰兩種顏色，質感則用花崗石版面。在造型上

圖三：水平窗公寓

圖四

圖五：獨立窗子的公寓

看，是客廳及其陽台為主，一邊為臥室，中間隔以梯間。陽台的比例也是二比一，臥室的窗子則約略相當。所以在功能與構圖上都說得過去，以梯間為主軸，左大右小，左輕右重，還真均衡。是頗有美感素養的設計。（圖四）

那麼在這座大廈旁邊的新建的一座呢？因為都是豪宅，設計也是很考究的。可是因為面寬不大，就採取古典的原則，以平均開窗的方式，採單一韻律，分不出室內的功能，也就是室內各種房間的窗子完全一致。整齊劃一的排列確實有些單調，但個別的窗子比例抓得好，材料配襯得適當，就有一種簡單純淨之美。近年來流行的這種開口方式，在功能上比起早年的水平長窗也合理些。（圖五）

處理雜亂無章的「加」

自台灣的街巷建築看，美感的最大敵人實際上是違章。違章有兩類，一類是加建，一類是表面改裝。前者是實質違章，後者是法律允許內的違章如陽台加窗。這兩者是中國人的社會所獨有，也是雜亂無章的根本原因。所以建築之美第一步先要清理違章，包括廣告、招牌，把建築的原貌顯現出來。這一點在中國人的社會中是辦不到的。

不只是違章有礙美觀，即使在建築上懸掛不能避免的空調機，也是破壞美觀的殺手。今天在台灣，居住建築先要解決附加設備才能談美觀。空調與鐵窗之外，屋頂上的儲水桶也是必須解決的。這就是為什麼今天的所謂豪宅大廈都要設備中央系統的原因。希望不久的未來，即使低價的居住建築也可以不為附加設備所困擾。

在台北高水準的居住大廈不多，我比較喜歡姚仁喜所設計的一座公寓，使用多色彩立體的組合，局部與整體的比例良好，非常美觀。有些著名的大廈，如帝寶，名為日本名師所設計，但並不出色，建築的構成既不合理，又不適情，談不上美觀。其大門建了巴洛克式的門房，與那幾座大樓很難協調，完全顯示其暴發戶心態。以歐洲貴族的裝飾強調美感是很幼稚的，通常不能滿足真正有美感素養的人士，只能滿足心靈的空虛。

幾根柱子就可以建立美的典範

在當代建築的國際潮流中，有一派稱極簡主義，就是把建築做成幾乎不被注意的樣子。台灣前幾年有「減法美學」的說法，實際上是基於同類的思維，認為生活中的繁雜東西太多了，求美要自清靜開始。在建築上是自密斯范得羅的玻璃盒建築發展出來的，它的老祖宗可以回溯到古希臘的神廟建築。只是幾根柱子就可以建立美的典範了。台灣建築界的前輩王大閎先生，早年的建築就是以簡潔取勝，可惜已看不到了。目前這樣的建築也許只能在台大的洞洞館看到。洞洞並不重要，要看簡單的造型與外觀，尤其是柱梁間的比例與和諧的韻律。看慣了這類清爽的建築美，再看表現過甚的

密斯范得羅（Mies van der Rohe）的簡單造型，呈現簡潔之美

台大洞洞館（Vera／提供）

東西會感到厭煩。洞洞館是張肇康的作品。

近年來，簡潔的大廈有很美的設計。我在濟南路看到一棟僑聯大廈，就是玻璃盒套在框框裡，構成富於創意。在玻璃面的外面加了一套輕細的鋼格子架，用細橫格把大樓的表面統一起來，達到整齊簡單、美觀的目的。可惜這樣的手段可能使大部分窗子，自室內向外看，不免受細橫格的阻礙，在功能上我無法接受。建築由合情、合理，才能談美。過分大膽的造型不免失之偏頗。

引人注目的建築舉證

前面提到的是與生活直接相關的建築，也就是城市中的背景建築，以襯托重要的前台建築，也就是引人注目的建築。老實說城市中擔任主角的建築通常都考慮美觀，重要些的甚至為建築學的經典。比如雪梨的歌劇院，美動天下，幾乎無人不知。可惜的是，台灣的這類建築都不精采，不值得討論。連王大閎設計的國父紀念館因受政府官員的干預，最後的成品不佳。他使用的屋頂曲線，因對中國式建築了解有限，所以起翹顯得輕佻，把他在柱梁系統的比例上下的功夫遮掩掉了，實在可惜。相形之下，中正紀念堂要舒展、大方、勻稱得多了。

卡普拉別墅（Villa Capra）有圓頂設計，為派氏著名作品

台灣的超高層建築也不佳。在火車站前的新光大樓是日本人設計，在細節的考究上很夠水準，但到了頂上，自方形向上收的部分顯得急促了些，失掉了從容的大度。大家只要比較紐約的帝國大廈就明白了。這是比例問題。至於李祖原設計的一〇一大樓，缺點在於沒有把「超高」的力道表現出來，中國塔的形象用在超高上是不適當的。世界各地的超高大廈都設法表達結構的穩定感。香港的中國銀行用斜撐構成三角穩定為主調，很多大樓都以不同的方式表現下部穩固，上方輕巧的感覺。這是超高美感的基本原則。

話說回頭，以日據時期的公共建築來說，有很多西洋學院派的重要建築是一位名為森山松之助的工程官所設計。他並不是有審美水準的建築師，實為台灣的不幸。原台中市政府的建築，使用古典柱式，山牆、圓頂及法國式的屋頂組成，可是格局侷促，缺乏氣度，亦缺和諧之秩序感。試比較義大利文藝復興大師派拉底奧的作品，Villa Capra，使用同樣的元素所得的結果，簡直有天淵之別。派氏成熟的運用了古典美的原則，比例優美，氣度不凡，成為學院派建築數百年的經典。值得特別在這裡指出的，是森山對古典美學外行，而且不了解理性的重要。他喜歡用玩具式的圓頂。西方重要建築的圓頂大多用在建築之頂上，表示尊貴的地位。他到處使用小圓頂，當成裝飾。原為台北廳政府的監察院建築，兩翼的小圓頂甚至高過中央的圓頂，不用說主圓頂的怪狀了。據說總統府的入口也曾有一個小圓頂呢！

〈彩瓷篇〉

彩瓷的欣賞

不能輕率認定凡裝飾都美，而且要嚴格檢視裝飾的美感價值。不只是在彩瓷上如此，在一切視覺物件上都要如此。因爲裝飾的成敗是雅俗之分。

在生活器物中，比較具有裝飾趣味的，彩瓷是最常見的一類，也是頗有學問的一類，我們在此不談它的技術與藝術面，只就美感加以討論。

也許你會問：彩瓷裝飾的目的就是美，還有裝飾不為美的嗎？理論上說確實如此。但在裝飾上弄巧成拙的例子很多，不但不能輕率認定凡裝飾都美，而且要嚴格檢視裝飾的美感價值。不只是在彩瓷上如此，在一切視覺物件上都要如此。因為裝飾的成敗是雅俗之分。

沒有顏色的東西，我們通稱為「素」，素與雅常常連稱，可知素比較近雅。所以我們要用彩色裝飾，最重要的是不能丟失一個雅字。何謂「雅」？很難說清楚，但歸根到底，就是要情理兼顧，合乎美的基本原則。由於過去沒有學者討論彩瓷的裝飾美學，讓我先把整理出來的彩瓷類別，及其性質介紹給讀者，作為後文討論的基礎。

彩瓷裝飾的類別

彩瓷的裝飾依裝飾分布於器物表面的量，可以大分為三類：一為遍體裝，即表面布滿裝飾的設計；二為局部裝飾，即部分有裝飾、部分留白的設計；三為點綴裝，即基本的白底，只有在視覺焦點處，略加妝點之意。這三類裝飾方式並沒有高下的區別，我們對它們的選擇完全基於個別的偏好。也就是說，每一類中有其獨特的價值判斷方法，才是本文討論的重點。每一類中尚可細分，為了把類別說清楚，我列了一個表，以中國古代瓷器為例分別說明。

1. 遍體裝：⑴單一圖案遍裝、⑵繪畫主題遍裝、⑶多層主從遍裝。
2. 局部裝：⑴上部裝、⑵腹部裝、⑶重點裝。
3. 點綴裝：⑴開窗裝、⑵輕繪裝。

單一圖案遍裝是指表面覆蓋連續的同一圖案。這種設計自宋代就出現了，很多著名的單色器可為例證。元、明以後少見，到清代，因仿古代精神才重現的，同時亦在

單一圖案遍裝（私人收藏）

外國瓷器中出現。繪畫主題遍裝是指表面畫了一幅畫。這種設計出現較晚，是明末以後的事。繪畫用在青花瓷上自元代開始，但只用一幅畫，又用青花或洋彩則是清代的特色。至於多層主從遍裝是元、明青花常用的手法。把器身分成頸、肩、腹、腰、裙、足等多層，以腹部為主，用繪畫表示，其他則用圖案，設計非常華麗。這樣的裝飾到清代用在琺瑯彩瓷上者非常普遍，也是在美感上容易淪於低俗的一類。目前在大陸市場上最受歡迎的正是這一類。

至於第二類的局部裝飾，始見於唐代。上部裝意指裝飾集中在器物上部，是自唐三彩開始，三彩器物的彩色是自上部流下，停止在腹部下方，非常自然。宋代承此傳統，有些單彩器有意設計上半部之圖案。元代之後就很少見了，一直到近代才有再現的跡象。腹部裝是指器物之主要部分的裝飾，始見於宋代的磁州窯器，後代少見，但明清時代凡有宋代傳統風貌之器物偶有所見。重點裝則不一定裝在何處，但按器形選擇一特定重點，或為口頸部，或為足部，或為近流（壺嘴）處，點出其特色，明清漸有此類，但到近代才廣為流傳。

點綴裝是指用面積很小的畫面略微點綴，收畫龍點睛之妙。唐之後，歷史都有例子，但非主流。這種設計等於一張白紙上畫上幾筆，有清爽的美感。明天啟間始有禪味的青花出現，傳至日本，到近代則頗受西洋影響而普及。清代較少見，有之，是在白地上開窗，窗內有畫。民國以後則為輕快的繪畫，紅彩或多彩，把白瓷當畫紙用。

局部裝——重點裝

施彩與主題的類別

所謂彩瓷的「彩」字是何所指呢？一般說來，排除明以前之彩不論，自明代的五彩與鬥彩開始，五彩是硬彩，輪廓用黑線，顏色是平塗的，紅花綠葉，所以有些稚氣的華麗感。鬥彩是五彩的特例，「鬥」是北方土話，應該用「兜」字，是配合的意

五彩瓷器（局部裝）

五彩瓷器（遍裝）

思。在青花的繪飾中加上彩色，鬥合起來，稱為鬥彩，鬥彩因以青花為主調，所以有柔和的色調，古文物中有名的「成化」雞缸盃就是鬥彩。五彩則以嘉靖、萬曆彩為上，尤其是萬曆五彩，因其瀟灑的用筆為日本人所喜愛。多彩最怕俗、繁、板。乾隆時期的彩瓷大多有此毛病，此所以有人認為萬曆為五彩之最的緣故。

五彩到了清代，受西洋畫的影響，在技法上與材料上都有改變，發展為軟彩，這就是今天市場上最受大陸收藏家珍愛的清官窯洋彩與琺瑯彩。所謂「軟」彩，是指用彩色時有濃淡之分，深淺之別，而創造立體感。

單彩，照說是指一種彩色，而自元代後，青花是最常見的單色瓷，由於素雅，也是最被廣泛接受的。但當稱彩瓷時，青花通常不在其中。青花是正色，其他顏色，如紅、黃、綠等才算單色。單色瓷在清官窯中是很普通的。

彩瓷除了彩色之外還有主題的類別。主題者，Subject，即彩畫的內容也。既然畫，就有內容。內容有兩大類，一為圖案，一為繪畫，實際上，圖案是連續的裝飾畫，也是一種畫，故也可以細分。比如青花喜用纏枝番蓮，但在視覺美感上，只要濃密連續，沒有多大分別，所以在此不再詳論。在彩瓷中，圖案多半是繪畫的背景或鑲邊，主題的意義常被忽略。

繪畫才是彩瓷中的主角。從元青花開始就在瓷器上畫畫，從此把瓷藝的性質向繪畫移轉。以瓷畫內容言，有山水、有花鳥、有人物，樣樣俱全。到了清代，瓷器的造型不再受到重視，完全以繪畫藝術之水準論評了。這就

明天啟之繪畫彩瓷

清雍正鬥彩瓷器

是清代盛期要把燒瓷的窯設在宮中的原因。瓷藝從工藝上升為藝術，需要畫家執筆，所以中國的水墨畫代替西洋的寫實畫上了瓷器，形成一種風氣。

圖案與繪畫究竟何者較宜呢？以生活藝術來論斷，圖案是比較合宜的，因為器物之美是以造型為主，彩飾不過是增加其美感而已，並不是主體。圖案因為沒有強烈的性格，不會吸引過多的注意力，如果用得好，可具有補充的作用。如果用圖畫，希望它不會喧賓奪主，只有縮小其面積，作點綴性的應用。大幅的、遍裝的圖畫，以淡彩的墨線條國畫為最佳，但這是屬於純陳列用的瓷器，在生活實用瓷器上是很少見的。

彩瓷之美

一般人很容易以為只要是多彩之瓷就是美瓷。誠然，豐富的彩色如入花叢，是有感動力的。可是不要忘了，萬紫千紅的花叢除了色彩豐富之外，是大自然力量生長出來的，它呈現出視覺上的豔麗，但也同時呈現了生命的秩序，換言之，它是在生態均衡的條件下，產生了使我們感動的花朵群。通過畫工的手再現花叢，是否仍然合乎大自然的秩序就頗令人懷疑了。所以多彩之瓷的美否判斷是大有學問的。前文提到，大陸市場對於多彩遍裝的偏愛，只是說明了清乾隆以後的低俗品味。因為當時的判斷正是多彩多花多巧思為美的觀念，是落實在大眾品味上的。

任何藝術，在過度發展技巧之後，其價值就會墮落，因為「奇技淫巧」確會使人失掉清醒的思維與審美的判斷。彩瓷到了乾隆時代，只是想盡辦法出花樣。燒瓷、上彩、描畫等都不能再變了，又出了套瓶的花樣。最有名的是故宮常會介紹的「洋彩青地金魚游水瓶」，內瓶可以旋轉，形成金魚游水的感覺。其實故宮收藏中類似的轉旋器物是很多的，大多燒製精巧無比，畫工細緻，非常好玩，它只有一個缺點，就是缺乏美感。因為過分重視奇巧的結果是輕忽造型，堆積色彩與花樣，輕忽整體的統一感，甚至連色彩之間的調配都未經認真考慮。這些東西大多得一個「奇」字，忽視了「美」字。

喜歡豐富色彩的人多喜繁華、熱鬧。這未可厚非，但最好在彩畫上找到統一的要素。最安全的多彩作品是有單色為地的遍裝，如故宮收藏的「黃地洋花方瓶」，除了纏枝設計的統一感外，黃地是重要因素。或以紅為地的「錦上添花膽瓶」，也是同一性質。乾隆的琺瑯瓷中除了這類作品外，大多俗氣而缺乏美感，比如著名的盤口雙圓瓶，是稀奇的作品。兩個圓瓶貼在一起，在功能上毫無意義，圓形作為造型的主調是很好的，但色彩紅、藍地相對比，大大降低了和諧感。它們的問題正是因為畫工們想盡辦法在一件器物上用上各種顏色，堆積各種畫法，加上在造型上增添很多不必要的零件，一件美麗的作品反而傖俗不堪了，如果多彩的設計中保持同一色系，當能有和諧高貴之感，可惜為數甚少，即使是開窗式設計，也難免雜亂之感。

乾隆式瓷的另一種具有美感的設計是在白地上作遍體的圖畫。這是裝飾性非常高的產品，一直沿用到現代。比較達到「雅俗共賞」目標者，是造型良好的器物如膽瓶，上畫國畫的花鳥。有些淡墨山水的作品，雅致有餘，大眾性不足，以C型輪廓的梅瓶為主。

順著這一思路，可知近代的作品，以白地點綴小畫的設計是容易有美感的。因為是白地，所以要注意整體造型的美，如果是很小的圖畫，放在那裡都不會擾亂視覺，只會增加趣味，因此為商家廣泛使用，尤其是講究雅致，又必須考慮經費的情況。在乾隆的時代，國力鼎盛，有很多人力物力可以投入瓷器的造作，所以以費工費時的琺瑯底色瓷為多，即使在底色上也要以費工的圖案布滿。

局部裝事實上最可能有創意與美感的裝飾方法，可惜在宋代以後就少見了。宋磁州窯的白地畫花器或黑花器，以局部裝飾為多。這種裝飾的好處是按器物的部位性質施行，等於強調了器物造型的特色，如主要的圖案放在瓶子的腹部，強化了形式的主從關係。有時候肩或足的部分加以裝飾，則是自反面來強化功能的關係。

由於它的創意性，局部裝飾在現代瓷器上使用較多。近年來，西方的設計家在生活陶瓷上多所用心，作品大多屬於此類。除非是藝術創作，遍裝反而少用了。

我手邊有幾個商業設計師的作品，可以看出其趨勢。現代商品需要大量生產，彩畫均為機器印刷，器物之體亦為模製，所以並非高價品，是百分之百的生活用品，值得推廣。近幾年流行的局部裝，是屬於上部裝，即自接近於沿口處施裝，有一種自上垂下的感覺。不論是紅花還是綠葉，都有同樣的飄逸感。即使是抽象的設計，似乎也不差，因為茶杯與飯碗都是用嘴接觸口沿的，設計師這樣下手，自上沿施色有強化功能的意味。我認為如有自下向上施色的設計，必有生命上升的感覺，也應可以創造美感趣味。

局部裝雖很少有重點裝的設計，但自元代以來，頸部、肩部與足部在遍裝設計中常有特殊的圖案，如雲肩等。這樣在色彩協調的設計中，凸顯出各部分的特色，其實已經暗示，如果這樣去做局部裝飾是完全可能的。

〈室內篇〉

享受室內空間

簡單的說，空間的感覺是尺寸、光線、功能的連結反應。我們要享受室內空間要同時了解三個要件的連動關係，做適當的配合。

我們一生的大半時間都在室內度過，但是很少人覺悟到室內空間對我們的重要性。這是因為我們對空間不夠敏感之故。「空間」不是實在的東西，不像一件器物或家具那麼具體的呈現在我們眼前，使我們感受到它的存在，而且為它的美感所吸引。然而空間是確實存在的，它對我們的影響也是實在的。如果我們敏感到它的存在，而且體味它的美感，對於生活品質是大有幫助的。

室內空間是由牆壁、門窗、天花板、地板所圍成的，空間是否等於這些因素呢？不是。這些因素是實體的東西，我們可用看一般器物的眼光去看它們。如果這些因素都合乎美觀的原則，可以加強空間的美感，但卻不是空間的全部。其實不只是圍封的

室內自然採光（Marc Gerritsen 攝影）

因素很重要，在室內空間中，不免有些活動的擺設或用具，諸如家具、燈具、器物，都是不可少的。這些生活用具之是否合乎美觀原則，對於空間都有很大的影響，甚至牆上掛的畫，地上鋪的毯，都能左右我們的感覺，但它們都不是空間的基本要素。

那麼，什麼是空間感呢？

我們先假設一個純粹無色、無質、無物的房間，要怎麼覺察到它的存在呢？首先是幾何學上的要素，長、寬與高。我們人在其中，這三個要素的相對關係就構成空間感覺，因為它會對我們的心理形成影響。事實上，我們的心理對空間的反應是很敏感的。建築藝術的根基正落實在這種空間感覺上。

（阮偉明／提供）

圍封的因素與生活用具只是有強化或轉移的作用而已。

一個不寬不高卻特別長的空間，就是長廊，給我們很大的心理壓力，長期停留在裡面會生精神病。一個不長不寬卻特別高的空間，就是深井，使我們心生恐懼，久留之會精神錯亂。所以我們的心理需要的是長、寬、高非常合宜的比例。而心理需要與空間功能是互為因果的。比如睡覺的房間不宜太高，會客的房間不宜太低，公共空間需要高大，私密空間需要親切等。

但是只有幾何學上的尺寸抽象

關係是不夠的，另一個重要條件是光線。在同樣的幾何空間中，如果有不同的光線，就會有不同的心理效果。沒有光線，不論怎樣的空間也是黑暗一片，空間就真正不存在了。

光線是複雜的問題。在空間呈現的課題上，有幾種性質是相關的。一，**強弱**。光線的強弱可以改變空間的感覺，過強過弱都會使我們產生不舒服的感覺。二，**分布**。光線可以均勻分布，也可以集中，與空間之使用功能有關連動著視覺感受，因此是比較受到電視的條件。三，**來源**。光源是指光線的來源，自然光是日光或天光，用開窗控制，燈光是人工可以完全控制的光，所以為室內設計者所愛用。建築師較偏愛自然光，以應合自然。

除了以上的基本要件外，圍封面的色彩與質感也會對空間感覺構成影響，尤其是光線中的顏色。但為篇幅所限，在此暫不討論。

總之，簡單的說，空間的感覺是尺寸、光線、功能的連結反應。我們要享受室內空間要同時了解三個要件的連動關係，做適當的配合。下面我們以功能為綱領來討論室內空間的美感要件。為了方便討論以我家為例。

舒適的感覺

我在台北的住家有兩處，早期為四層公寓的頂層，後期是大廈中的一戶，是普通的中產之家。兩處都有同樣的問題，進深太大。建築師的設計把客廳、餐廳連在一起，把解決不了的黑暗核心設計為餐廳。這樣客、餐廳的安排，使得我進到家門，看到一個長條空間，一邊亮、一邊暗，沒有家的感覺。我曾到過住在同樣公寓的朋友家，只能用櫃子隔開為兩部分，暗處以燈光解決。

我也沒有更好的辦法，但為了經營氣氛，覺得起居室比較重要，首先要找到適當的尺寸與比例。一般說來，公寓的天花板高度約二公尺七、八。客廳開窗的一面，最適當的寬度是四‧五到五公尺之間。這是大約以黃金比算出來的。我家的公寓，客廳寬約四公尺，嫌窄了

富錦街客廳的室內磚壁、壁爐（圖一）

富錦街餐廳，上方有天窗（圖二）

些，就把隔牆向臥室推了半公尺。至於長度，可相當於寬度或略長，所以不能不與餐廳隔開。約三十年前，我尚年輕，喜歡溫暖的家庭氣氛，就以美國式住宅為模式，在中間砌了一個磚壁與壁爐，作為客廳的精神重心。（圖一）

至於壁爐後面的餐廳，擺了桌椅，適當的寬度與天花板高度相近，約三公尺左右。可是這是黑暗的一端，中間砌了壁爐，更加暗了，只有靠燈光。可是我住頂樓，就趁砌壁爐煙囪要打屋頂之便，在餐廳的中央開了一個天窗，就豁然開朗，成為我家最受歡迎的地方（圖二）。

進入老年，避免爬樓梯才換住大廈。同樣的長條空間，因面積略寬大，只是更長些。在這裡無法做壁爐，我決定把家的氣氛自溫暖的感覺改變為愉快的感覺。年紀大了，兒女遠走他鄉找自己的事業前途，我只有祝福他們。全家圍爐夜話的情境不會出現了，壁爐只能使我感到歲月流逝的悲哀。我決定把長條空間的中央做成古文物的展示櫃，把我最喜歡看到的收藏品陳列出來。這樣一來，在我家的核心就是美感的啟動者，使我可以忘憂。這個櫃子等於一個房間，中間是收藏空間，四面牆壁都是展示櫃。在最重要的起居間的一面，我放了一尊思惟菩薩坐像。我的一生都在思索中度過，所以看到這尊菩薩微帶笑容的面容，使我感到安慰。起居間的比例定為一比二（圖三）。

餐廳的部分，我把天花板降低些，空間雖小些，仍然保持良好的比例，以親切為上。在中央展示櫃上，我放了些陶瓷器的小件，造型美好的盃、碗、瓶、罐之類。在一

起居室（圖三）

餐廳（圖四）

端的牆面上掛了一幅扇面書法。下面放了一座古式檯子，安放一尊面容平和的佛頭。我家幾乎沒有客人，是我自己的心靈天地，也是我思考與寫作的地方（圖四）。

這是一個以燈為光源的住家。我決定把中央展示區為主要的光源，也就是開燈先開文物櫃，先看到這些使我愉快的東西，也照亮整個開放的區域，如果沒有其他目的，不必再開其他燈光。在過去，公寓的面街方向流行全面採光，自然光可以達到中央部分，現在的建築重造型，採光面減少很多，依賴燈光處更多了。

富麗的感覺

上面花了些篇幅以我家為例介紹中產之家的室內空間，因為現代的中產之家是以生活為目的之空間，也是建築學所研究的範圍。可是到了九〇年代，財富暴增，居住建築開始出現超乎生活需要的住宅及公寓，今天稱為豪宅。在過去，只有貴族才住豪宅，他們有不同於一般人的生活方式。他們都有成群的僕役，他們夫婦各據一方，擁有不同的起居空間。他們有獨立的圖書館與辦公空間，有接待賓客的區域，當然有迎賓大廳。他們沒有生活，只有儀式。宮殿的空間需要是今天沒法想像的。

今天擁有豪宅的人都是平民經商成功者，在生活方式上與一般人並沒有不同。他

英十九世紀豪宅的大廳

們住超過生活需要的空間是享受成功的滋味，與富麗的感覺，因此必須為自己設計獨特的生活需求。今天有資格過富麗日子的人越來越普遍了。

享受富麗的空間感，首要是高度。我們常說「富麗堂皇」，很明白的表示出「堂皇」是富麗的重要條件。堂皇就是恢弘的意思，氣勢要大才能堂而皇之，令人感動。問題是我們為甚麼需要這種感動。

在古代，龐大的廟宇，或平民看不到的故宮大殿，室內空間都是極高的，但那不是居住建築。它所需要的感動是龐大的氣勢帶給我們的自身渺小的感覺，使我們匍伏在地，感懷超自然力量的眷顧。到今天，這種堂皇的空間已由公共空間所取代。今天世上最可怕的力量是群眾，所以由很多人使用的空間才應該是富麗堂皇的空間。

在公共空間中沒有過分寬大的問題，因為我們是過客，但是在住宅中就不同了，因為住宅的空間與生活密切相關。舉例來說，為什麼古代的床都有床架呢？並不一定是台灣的老床，即使是歐洲的古代，床也是有架的。床架是一間與床同大的小屋，使我們睡在裡面感到安全舒適。因為過去的房子太高太大了，睡在裡面在心理上沒有安全感。在生活上考量，我們需要的空間是一致的。在客廳裡，我們聊天時的距離大體相同，所以過大的客廳只是多幾組沙發，可以開派對而已，對於家庭功能並無幫助。

由於過長過寬，按照比例，天花板一定要高大才能配襯。可是天花板過高的房間如設計不良，就失掉了親切感。

比較考究的住宅，常把客廳天花板加高，有時利用兩層的高度，以對客人造成堂皇的印象。這樣的空間是為客人設計的，家裡常另有比較親切的起居間。過高的房間用為起居間，必須在心理上降低其高度，如牆板的高度或燈光的高度等。真正富麗的空間必須有高處的光源與華麗的天花板，使人仰望而讚美。兩層以上的大玻璃窗，或超過一層高度的繪畫亦可達到同樣的效果。

維也納宮殿局部

莊嚴的空間

在室內空間中，有一類並不令人有享受之感，卻時有必要者，即肅然、莊重之

維也納宮殿典雅的裝飾

空間，也稱為正式的空間（formal space）。在政府機關如總統府中的各種接待與集會空間，都屬於此類。正式的空間除了必須高大、寬闊之處，還有幾個必要的空間要件，雖無法享受，卻可欣賞。在真正的宅中，也可以設置這樣的空間，供儀典式活動之用。

第一個要件是對稱。有中軸線的空間是顯示主人地位的手法之一，也是人類天生喜愛的特質。最嚴格的對稱常常引申為家具的安排，與牆面懸掛的藝術品等。由於中軸線的存在，所以空間的進深要大過寬度，以西式教堂的空間為原型，也就是進口要在短邊設置。大陸的各機構都有類似的接待室，沙發的安排有向主人致敬的感覺。台灣同類接待室內沙發的安排靠邊，留出中央空間，強調正面。

第二個要件是正面性。由於中軸線的存在，最後必然以底端的牆壁為中心，所以正面的神聖感是必要的。這也可以與廟宇和教堂的正面相比擬。東方的廟宇正面以神像為標的，西方教堂則為神龕，為十字架懸掛之處。台灣與大陸一樣，早年總是在正面懸掛領袖的照片或國父遺像或國旗，形成另類教堂的氣氛。近年來，政治氣味降低，逐漸為大幅藝術品所取代，但也是氣勢磅礴的作品。

第三個要件是典雅的裝飾。寬大的空間中沒有一點裝飾會顯得蒼白，所以正式的

德國教堂之神龕

空間大多採用一些古典的線角、飾板之類，以增加其高貴感。最高級的感覺，是壁面的浮雕、地板的拼花與天花板的吊燈。設計可以千變萬化，但其目的無非是烘托空間的高貴主人的地位。在這類空間中，使用復古的樣式，是成套呈現的，可以有統一的風格。在國內是很少見的。

〈燈具篇〉

燈具與光源

人類爲了控制時間，抗拒上帝的晝夜分劃，可以在夜晚工作，必須以人造光來改造自然，所以燈光的發明是文明的開端，與「火」同時來到世界。

我為最後的一次講題找一種生活用具，想了很久難以決定。曾想到文玩，想到玉器，想到衣飾等等，但不是離生活太遠，就是我不太熟悉。最後決定以現代都市生活不可能缺少的燈具加以討論。

燈具的產生與光有關，光是萬物存在的起源，沒有光，一切都消失了，即使我們知道它們的存在，也沒有任何意義。所以基督教的《聖經・創世紀》的第一段，上帝花六天時間創造天地萬物，第一件事就是創造了光。沒有光就沒有生命，至於我們的花花世界自然也回到「空虛混沌」之中了。我們恐懼黑暗是很自然的。

為此，我們發明了燈光，以補天然光線之不足。在原始的世界，人類為了安全必須住在洞穴之中，不得不與黑暗為伍。同時，人類為了控制時間，抗拒上帝的晝夜分劃，可以在夜晚工作，必須以人造光來改造自然，所以燈光的發明是文明的開端，與「火」同時來到世界。

有了火就有了光，可是光是更受約束的火所造成的，因為光源需要持久。我記得小時候在山東鄉下玩火時，曾設法把火改變為燈光，就找松枝中帶油脂的小木塊，特別耐燒的部分做成燈。最早的燈是用油與芯子做成的，那就是我在鄉下時家裡用的油燈。蠟燭是自古以來就發明的照明方法，是用凝固的油與芯子做成的。

至遲到戰國時期，油燈與燭都有了。

油燈總是一個圓形的盤子，裡面加油，用芯子點亮，燈的架子是造型。考古資料發現，戰國中期在河北出土一個燈架是人物持螭龍的神話故事，人物手上頂一只燈柱，上有燈盤，螭龍口中啣一個燈盤。同一出土地點，發

戰國・跽坐人漆繪銅燈（郭燦江／提供）

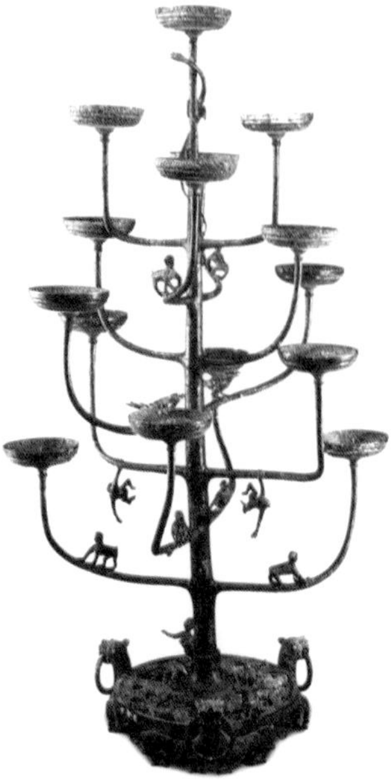

戰國・樹形銅燈（郭燦江／提供）

西漢・螭龍啣盤（郭燦江／提供）

現一個燈樹，共十五個燈盤。樹上有龍虎及鳥獸等，可見當時已把燈架當成裝飾的重點。在其他地方也發現大小不一的人物燈架，似乎人物是燈架通用的主題。

在廣州發現的西漢南越王墓中出土了若干獸形的燈架，但不是用燈盤，是用燭插代替，這說明當時已流行蠟燭。振翼欲飛的鳥頭上插著燭光，可以想見除了象徵意義外已很重視美感了。

西漢的文化仍然以北方為中心，所以河北出土的啣著燈

戰國・飛翔人形吊燈（郭燦江／提供）

盤的朱雀燈，造型要好看得多。

古代最考究的燈具莫過於漢代。宮殿裡使用的燈架都做成宮女手執油燈的模樣。西漢中山靖王的大墓中出土了宮女跪地手持燈籠的美麗造型稱為長信宮燈。到東漢，此一傳統仍持續著。江蘇出土了一個牛形的燈架，上面馱著燈籠，製作精緻，可與「長信宮燈」比美。可見真正考究的燈架，除了造型美好外，還要把煙灰排除，可以調整光線的強弱，已經是藝術品了。東漢的燈具也發現了吊燈。可以想見在大型宮殿裡，需要各種式樣的燈照亮龐大的室內空間，因此各種設計都有可能。自梁架上吊下的油燈必然是很多的。出土的吊燈是飛翔人形，與古代神話不無關係。東漢崇信仙人之說，所以也曾發現以跪坐羽人代替早期宮女的燈架。這些是把燈具美化的早期的例子。自是而後，歷代都有燈具的造型。直到西方的電力傳來中國，家庭普遍電氣化，照明改用電燈後，燈具才成為生活器物中普通的用具，成為室內空間美感的一部分。

漢代油燈燈盤（私人收藏）

直接光與間接光

我們需要光線，但只有極少的情形才需要太陽的直接照射，太陽光是能的來源，是生命的泉源，但在它的直接曝曬下是有殺傷力的。所以我們總是躲著它。原始時代建築的一半作用就是避日曬。在日常生活中，光線帶來明亮。到了現代社會，光的強弱、色澤，予以適當的安排，可以控制環境的氣氛。尤其在使用電氣人工採光之後，光，成為一種藝術了。燈具在這種藝術運作中占有重要的地位，成為室內裝飾的要角。

與陽光比較起來，人工光是柔和的、友善的。特別是人工光源可以因照明的需要加以改變。可是一般說來，室內空間照明，間接光是要氣氛，直接光是要光亮，兩者是缺一不可的。因為間接光也可以有高亮度，所以當光源亮度逐漸提高時，直接光源的需要越來越少了。把刺眼的直接光轉變成合用的間接光，就成為燈具的重要功能。在我們兒童時期的回憶中，一個透明的燈泡掛在房間中央的情境已經少見了。

自電器來臨後，特別是光管技術成熟，以間接照明為主要的發展方向。有了光管，可以隱藏在天花板或牆壁的角落，使我們看不到光源，只感到明亮。光管的光色較近日光，所以更可模擬自然光。設計師在大廳中使用，可減少對吊燈的依賴，仍可得到普遍照明效果。

間接照明的另一個常用的方法是用投射燈。就是把燈嵌在天花皮中，光線投射到牆壁，由牆壁反射照亮房間。這個方法是來自畫廊的照明。在一般住宅中客廳壁上均有掛畫，此為一般照明與繪畫照明兼顧之法。此種燈有兩種，一為近年來習用之嵌頂燈，一為畫廊常用之軌道燈。後者便於使用，但燈的半身並不美觀，因此除少數例外，住宅中少用之。我家兩種燈都用到。

間接照明比較少用的是主燈投射照明。在現代設計中，立燈使用不多，但用為間接照明者甚有特色。這是用投射天花板的方式達到照明的目的。所以有些立燈也是投射燈。它的特色是有一個長桿，燈具本身是有造型的。

但是在日常生活中，由於電燈光亮太強，有刺眼的負面效果，一切光源都希望是間接光。中產階級只有在慶祝活動時，需要浪漫的氣氛，才使用過時的蠟燭，以及上世紀發明的香油燈。因為它們光度低，遇風搖曳有詩意，但為日常應用，這是不夠的。

室內燈，長桿立燈

燈罩與燈架

所以最早的燈具是燈罩。燈罩是把直接光變為間接光最簡單的辦法，而且可以把燈光造型化。不論是座燈、吊燈，都需要燈罩。現代主義來臨之前，玻璃的花燈罩是很多人家裡主要的裝飾品。這些東西，與玻璃花瓶一樣，都成了古董了。現代主義的風潮來到東方，室內看到的第一個改變是紙燈籠的應用。這是西方工藝家來到日本，看見廟埕掛的燈籠所引發的靈感。

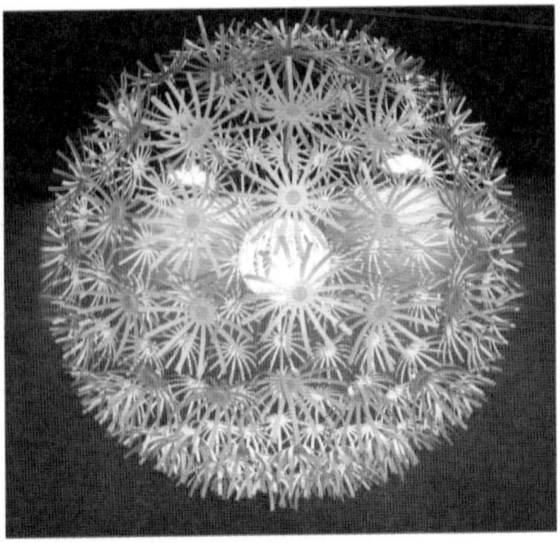

造形燈罩（IKEA宜家家居）

三十年前我在台北富錦街的住所，使用了兩個日本式的紙燈罩。在客廳裡的大圓球成為這個既現代又古典，既本土又西洋，既樸素又雅致的空間的精神中心。室內很多圓形、圓拱、車輪、圓形坐凳，以及古董漢陶甕，是幾何造型統一的要素。這是我自己最喜歡的居住空間。屋頂的臥室也是以原木板搭建的木屋，窗外是屋頂花園。為了求變化，掛了一個有裝飾性的紙燈罩，使樸素的空間裡多一些花巧。這兩個燈罩都成為我生命中的重要回憶。

這種吊燈罩，到了今天的設計師手上，發展出多種變化的式樣，成為造型設計的自由場域。現代設計學院中的教學，幾何造型的練習常以吊燈燈罩為題，作為客廳或餐廳之視覺中心，是既美觀又合用的產品。今天要欣賞燈具之美，自吊燈開始是很自然的。

其實吊燈之美自古代就開始注意到了。西方重要建築中必有重要的廳堂，天花板很高，且洛可可式的裝飾是少不了的。中央的空間一定有一大型的吊燈，稱 Chandelier，是建築師設計的重要項目，所以大體上屬於同一概念：花朵樣的輻射，但裝飾的細節則配合室內設計的氣氛各有變化。

維也納宮殿內的大型吊燈

由於這樣的傳統，西式住宅也喜歡用吊燈，只是空間不大，造型要簡單些，但大多徒具形式，沒有美感。吊燈原是用蠟燭的，改用電燈後，簡化為幾何形設計者，就清爽美觀得多了。

我家的餐廳既不大又不高，買了古董的桌椅之後，由於是細木條的母題，所以就在桌子上方天花板上，買了個吸頂燈，找了幾家燈具店，才找到一個用細條組成的設計，並不非常理想，可以相配。這是一般中產階級處理燈具的方式。對建築師而言，吊燈與吸頂燈，最好是特殊設計來配合室內空間。溪頭活動中心與南園的吊燈就是這樣產生的。

自繁飾的Chandelier到一個大圓球，到具有造型變化的光球，到片狀的吸頂燈，都是建築空間的主角，因為吊燈是主光源即所謂普遍照明，燈具之美自此開始。其次才是一般輔助的照明，如檯燈、立燈之類。

可是西洋人一般家用檯燈，使用最普遍的是以瓷瓶為座的燈架，上罩素色的飾罩，也就是用

瓷瓶座燈架

瓷器的美來襯托燈光。洋人侵略中國，帶走不少古瓷，他們不知如何欣賞，亦不知何用，就拿來做燈架。上世紀末在中國古瓷拍賣場上出現元、明瓷罐，底部有孔以通電線者。後來成為風氣，有專為燈架設計的瓷罐，很便宜，圖案頗為美觀。我在進入老年，搬到電梯公寓去住的時候，就為臥室買了兩只，放在床頭。這種瓷罐有很多可以選擇。

檯燈中的床頭燈用得機會少，屬於裝飾用燈，但書桌或辦公桌上的檯燈卻是常用的，瓷罐就不很方便了。這種檯燈對於室內美感的經營是很有幫助的，所以設計出來的花樣很多。

伸展的燈架

家用燈具為生活的利便，設計的花樣漸多，其中有一個觀念是燈隨著我們的方便移動，而不必要我們隨時遷就它，要搬動它。比如我們坐在椅子上看書，需要適當的燈光，可以調整妥當。如果我們坐的椅子是躺椅，在看書後覺得累了，就慢慢躺下來，就需要燈光隨著我們移動。椅子可以完全躺下去，燈也跟著我們才好。這是可以做到的，但要可以伸展的設計才成。現代燈具設計中，這是特別的一類，有創意、有造型，有機械的美感，是現代生活中不可缺少的。我家有一伸展燈架，是台灣仿造的義大利設計，是因為我在書桌上使用，另一端有一座椅，也需要燈光，所以才購買一件可以伸展並調整高低的燈具。生活的品質要求可以反映在燈具上。

在一個比較大的書桌上放一個檯燈，也免不了需要常常移動，以適應位置的變動。這時候一個可以伸展或變換光線位置的檯燈也有需要。現代生活中，書桌邊放可以伸展的立燈，或有伸展軸的檯燈都是很普通的。我家有一個很簡單的檯燈，上有普通的燈罩，銅色，可以伸展一呎左右，也可以旋轉，是很方便的工具，也具有機械的美感，只是進入廿一世紀，這樣的燈比較少見了。燈具與其他工藝品一樣，受風潮之影響甚深，今天的伸展型的立架，強調動感與力感，連燈頭也不再方、圓了。然而風潮如此多變，美感是永恆的。

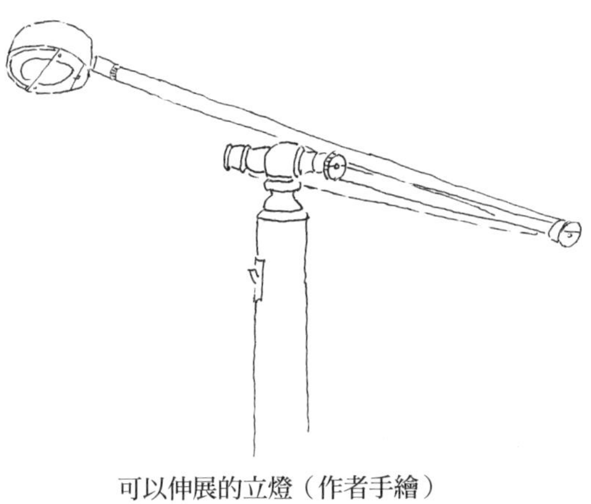
可以伸展的立燈（作者手繪）

後記

大約兩年前，我離開宗教博物館館長的職務，聯經的林發行人來看我，談到在《漢寶德談美》與《談美感》的兩書出版之後，似乎需要一本告訴讀者怎樣自我培養美感的書。如何進行自己的美感素養，是我在演講時常遇到的問題。我寫「談美」，本希望引起教育界注意，使美育在政府體系中受到重視，根本沒有想到推動的實務。近年來才覺悟到我人微言輕，說破了嘴也不可能有反應，所以不得不考慮去具體的回答這些問題。

恰在此時新政府的前文建會黃碧端主委也來看我，談到推動生活美學的工作，她希望我擔任顧問，成立專家小組，直接介入大眾的美感培育。這個任務與林發行人的想法是可以互補的，我就一口答應下來了。

以前出的這兩本書都是自《明道文藝》的專欄所集起來的，每年十篇，似乎有些等不及，何況「明道」已經打算改版，未必對美育有興趣。因此我決定在最短期間內寫完這本新書出版，以配合文建會的生活美學運動。我整理過去若干年所思所為，花了三個多月的時間就寫完繳卷了。

可是沒有想到原本計畫可以很快出版的書，一直拖了大半年的時間，多災多難，幾乎以為無法與讀者見面了。原因有二，其一，我在寫作的時候，為了方便，使用手邊的書籍與圖片，描述美感的形式，沒有想到著作權的問題。其二，林發行人對此的期望甚大，開始時打算做成一本圖文並茂的書，文中之插圖盡量用大尺寸的圖版。這兩點加起來，注定使出版作業遇上立即的困難。政府的文化立法實在太弱了。

在同一時間，文建會我所主持的「生活美學叢書」出版計劃也遇到同樣的問題。那是以圖版為主的一系列視覺生活美感的出版物，卻因選用適當的照片，必然遇到著作權問題而一拖再拖。這本新書也是，因此使負責編務的邱小姐傷透腦筋都無法搞定。有一度我幾乎要決定重新寫過了。

這類出版品如要保持高水準，一定要使用好的圖片與好的作品。我們只好期待未來政府能有周延的法律，使精美的文化可以普及於大眾。

謝謝聯經同仁們耐心的處理相關的問題，使本書終於可以與讀者見面。

漢寶德

民國九九年三月於空間文化書屋

如何培養美感

2010年4月初版 定價：新臺幣320元
2016年11月初版第十刷

著者	漢寶德
總編輯	胡金倫
副總經理	陳芝宇
總經理	羅國俊
發行人	林載爵

出版者	聯經出版事業股份有限公司	叢書主編	邱靖絨
地址	台北市基隆路一段180號4樓	校對	吳美滿
編輯部地址	台北市基隆路一段180號4樓		楊惠苓
叢書主編電話	(02)87876242轉224		毛子榮
台北聯經書房	台北市新生南路三段94號	封面設計	李東記
電話	(02)23620308	內文排版	翁國鈞
台中分公司	台中市北區崇德路一段198號	圖表繪製	蔡婕岑
暨門市電話	(04)22312023		
郵政劃撥帳戶第0100559-3號			
郵撥電話	(02)23620308		
印刷者	文聯彩色製版印刷有限公司		
總經銷	聯合發行股份有限公司		
發行所	新北市新店區寶橋路235巷6弄6號2F		
電話	(02)29178022		

行政院新聞局出版事業登記證局版臺業字第0130號

本書如有缺頁，破損，倒裝請寄回台北聯經書房更換。 ISBN 978-957-08-3561-8 (平裝)
聯經網址 http://www.linkingbooks.com.tw
電子信箱 e-mail:linking@udngroup.com

本書圖片除另有備註外，為作者提供。

國家圖書館出版品預行編目資料

如何培養美感/漢寶德著．初版．
臺北市．聯經．2010年4月(民99年)．
216面．14.8×21公分．
ISBN 978-957-08-3561-8（平裝）
[2016年11月初版第十刷]

1.美學 2.美育 3.文集

180.7 99002291